Die

Studien- und Prüfungsordnung

der

Deutschen Juristen

von

Professor Dr. Rud. Gneist.

Berlin.
Verlag von J. Guttentag (D. Collin).
1878.

Die Ausbildung der deutschen Juristen zum Richteramt und zur Advokatur zerfiel bisher in der Regel in zwei ungleiche Abschnitte, von welchen der eine der wissenschaftlichen Vorbereitung auf der Universität, der andere einem Vorbereitungsdienst bei den Gerichten gewidmet war.

Das Universitätsstudium war gesetzlich und thatsächlich auf drei Jahre bemessen in Preußen. Ebenso gesetzlich auf drei Jahre in der Mehrzahl der Mittel- und Kleinstaaten, doch so, daß mit Hinblick auf eine ernste Prüfung diese Frist verlängert wurde. In Mecklenburg, Sachsen, in Württemberg und vielfach sonst findet selten vor Ablauf von vier Jahren die Meldung zur Prüfung statt. Gesetzlich vorgeschrieben ist ein vierjähriges Studium in Baiern und Oesterreich; ein drei und ein halbjähriges in Baden.

Die praktische Vorbereitung als Referendar, Praktikant 2c. ist jetzt gesetzlich auf vier Jahre bemessen in Preußen; auf drei Jahre in Oesterreich für die Laufbahn des Advokaten; auf zwei Jahre in Baden, Hessen, Oldenburg, Anhalt; auf anderthalb Jahre in Sachsen-Weimar; auf ein Jahr in Sachsen, Württemberg und in Oesterreich für die richterliche Laufbahn.

Viele dieser Verschiedenheiten beruhen, — wie die meisten Varianten im deutschen Leben — nur auf der Neigung zu mannigfaltiger Gruppirung an sich gleichartiger Verhältnisse. Aber als Gegensatz liegt dahinter eine Verschiedenheit von Grund aus zwischen dem preußischen System und und demjenigen aller übrigen deutschen Staaten, dessen Tragweite man sich auf beiden Seiten nicht immer klar macht. Dieser bedeutungsvolle Gegensatz war es, welcher auch in dem deutschen Gerichtsverfassungsgesetz eine vollständige Einheit verhindert.

I. Die preußische Gerichtsordnung mit ihrer Instructionsmethode begründete von jeher eigenthümliche Bedürfnisse und Anforderungen an ihr Personal. Die amtliche Leitung aller streitigen und sehr vieler nicht streitigen Justizsachen durch den Richter führte zu einer Methode des „Instruirens, Referirens und Decretirens", welches diesen Geschäftsgang der Justiz von jedem anderen schied Es trat dazu noch ein Credit-, Hypotheken-, Vormundschafts-, Nachlaß-Decernat und zahlreiche andere Justizverwaltungsgeschäfte, welche das Bedürfniß einer sorgfältigen amtlichen Anleitung erzeugte, und zugleich eine unvergleichliche Schule der Ausbildung des Geschäftsmannes für alle Zweige des Staatsdienstes darstellte. Nach Beseitigung jeder Vorbildung durch die Advokatur bildeten in Preußen „Auskultatur, Referendariat, Assessorat" eine specifische Beamtenschule, welche zugleich ein vielseitig verwendbares Hülfspersonal dem Staat unentgeltlich zur Verfügung stellte, den oft länger als 10 jährigen Ehrendienst dann aber auch durch Beförderung in die hohen Verwaltungsämter zu vergelten pflegte. Wer 1—2 Jahre als Auskultator, 2—4 Jahre als Referendarius, 2—10 Jahre als unbesoldeter Assessor der Justiz gedient hatte, konnte oft in der Hälfte dieses Zeitraumes Ministerialrath sein und in den Verwaltungsstufen rasch aufsteigen, während es im Richteramt freilich überall langsam ging. Die preußische Gerichtsordnung war sich der Bedeutung dieser Beamtenschule wohl bewußt. „Es ist Sr. Majestät Willensmeinung, daß in Höchst Dero Landen Niemand zu irgend einer Justizbedienung zugelassen werden soll, welcher sich nicht zuvor bei einem Justizcollegio praktisch formirt hat." A. G. O. III., 4, § 33. Dieses „praktische Formiren" bei den Collegien galt seit Friedrich Wilhelm I. als die Hauptsache. Die Universitätsstudien wurden immer nur beiläufig und im Allgemeinen als nothwendig bezeichnet. Es beruhte das in keiner Weise auf Mißachtung der Wissenschaft, der man gerade seit jener Zeit eine sehr große Bedeutung als Bildungsschule der Beamten beilegte. Man respektirte aber nur die angewandte Wissenschaft, deren Schwerpunkt in der „Formation bei den Collegien" lag, in denen man eine oft viel längere Zeit an die Ausbildung unter sachverständiger Specialleitung verwendete. Deshalb erschien das akademische Triennium eben nur als ein präparatorischer Eingang. Man gewöhnte sich in Preußen daran, eine ursprünglich lückenhafte wissenschaftliche Bildung erst in Verbindung mit der Praxis zu ergänzen und nachzuholen, und diese Privatstudien aus Büchern im Anschluß an eine unmittelbare praktische Thätigkeit (wie in England und Frankreich) als die normale Schule des Juristen anzusehen. Das „gemeine Recht" lernte man historisch und systematisch im Verlaufe der Zeit ganz leidlich kennen, aber nur als Anschluß-Disciplin an die preußischen Gesetzbücher, wobei man oft recht pedantisch und überflüssig jeden Satz ab ovo ableitete, wie er weiland bei den Römern und sonst wo gelautet hat. Die Koch'schen Lehrbücher sind der incarnirte Ausdruck der nicht unwissenschaftlichen aber einseitig wissenschaftlichen Weise, in der das preußische Juristenthum der letzten beiden Generationen erzogen worden ist. Was in diesem Rahmen nicht unmittelbaren Anschluß an die Gerichtspraxis fand, wurde als „bloße Theorie" der Privatneigung überlassen, wie namentlich das Staatsrecht und alles Staatswissenschaftliche. Aus dieser empirisch-rationalistischen Methode ging ein dreifaches juristisches Examen hervor in folgenden Stufen:

1) Ein kleines Tentamen pro auscultatura, welches feststellt, ob der Candidat die nothwendigen Vorbegriffe aus dem römischen Recht mitbringt, und Sonstiges, was als Anschluß-Disciplin für die preußischen Gesetzbücher nutzbar werden kann. Die preußische Gerichtsordnung spricht davon immer nur obiter: beiläufig auch von etwas „Staats- und Völkerrecht." A. G. O. III., 4, § 3. Candidat soll auch die lateinische Sprache um ihres ausnehmenden Nutzens willen verstehen (A. G. O. III., 4, § 3, nach späteren Anweisungen sollen die Obergerichtsräthe etwas Lateinisch mit ihm conversiren); die Präsidenten aber darauf Acht haben, daß in Folge solcher Annahme zur Probe „die Collegien nicht mit untauglichen Subjecten belästigt werden." Alle älteren Reskripte beschränken sich auf die Rubriken: „Römisches, kanonisches, deutsches und vaterländisches Recht" (z. B. Kamptz Jahrb. XI. 234, XXVI. 287, XXXVI. 148). Erst seit den Zeiten des Justizministers Mühler bekümmerte sich die Justizverwaltung um eine speciellere Gliederung der juristischen Disciplinen. Erst seit 1849 ist der Prüfung eine wissenschaftliche Arbeit hinzugefügt.

2) Das zweite oder Referendarexamen soll eine genügende Kenntniß des praktisch geltenden Rechts als Resultat der Auskultatur feststellen. Allein in der wohlbegründeten Voraussetzung, daß das erste nur ein Tentamen gewesen, sollen die Anschlußdisciplinen gründlich nachgefühlt werden. Es soll stets preußisches Recht „im Anschluß an das gemeine" gefragt werden. Candidat soll zurückgewiesen werden, wenn sich eine nicht „hinreichende Kenntniß des römischen und gemeinen Rechts" ergiebt. Verf. vom 6. Mai 1840 und 4. Jan. 1842. Die genaue und gründliche Kenntniß des römischen Rechts soll auf jedem Wege auch durch Uebersetzung von Stellen aus dem corpus juris festgestellt werden (Circ. Reſk. v. 27. Mai 1851 Gen. I. 929).

3) Das „große Examen" pro assessoratu endlich macht Ernst. Es soll als „ein strenges Examen in der Theorie der Rechtsgelehrsamkeit angestellt" werden. A. G. O. III. 4, § 27. Diese gesetzliche Bestimmung der Prüfung ist bis zum Jahre 1869 unverändert

geblieben. Folgeweise wurde diesem Examen seit 1847 auch eine wissenschaftliche Arbeit hinzugefügt. (J. M. Bl. 1847, S. 185.) Selbstverständlich war zugleich ein praktisches Examen gemeint, wie auch die damit verbundenen praktischen Vorträge ergeben. Dem Gesetz nach war es aber für Preußen das eigentlich wissenschaftliche Examen, d. h. eine sehr ernst gemeinte Prüfung für alle Anschlußdisciplinen im Sinne der preußischen (Koch'schen) Methode.

In diesem mühevollen Bildungsgange war nur eine Klasse der Betheiligten ziemlich leicht davon gekommen: die akademische Jugend Preußens, — der preußische Rechtsstudent, der mit untrüglichem Instinkte bald erkundet hatte, daß er sein Tentamen schon bestehen werde, der daher ohne schwere Sorgen die akademische Freiheit genoß, sein Militärjahr abdiente, nie länger als drei Jahre studirte, ein halbes Jahr repetirte, bis dahin aber als flotter Student sich unter allen Facultäten hervorthat, in sehr merkbarem Unterschied selbst von den Rechtsstudenten anderer deutscher Länder. Es ist ein Verdienst unserer Gymnasialbildung und des Fortschritts unserer Vorlesungen, daß die Zahl der Rechtsstudenten, die aus Liebe zur Wissenschaft mehr als das Nothwendige thun, in langsamem aber stetigem Wachsen begriffen ist. Die Universitätslehrer haben sich seit langer Zeit ernstlich bemüht auch die Bedürfnisse der Praxis kennen zu lernen und zu beachten.

II. Der juristische Bildungsgang aller übrigen deutschen Staaten ist von dem hier geschilderten von Grund aus verschieden und hat seinen Schwerpunkt an anderen Stellen. Der Jurist der gemeinrechtlichen Länder weiß, daß das Recht und der Prozeß der Universität das Feld seiner künftigen Thätigkeit als Richter und Advokat bilden wird. Der rein schriftliche gemeine Prozeß gestattet auch eine erfolgreiche Benutzung der practica schon auf den Universitäten. Unter Voraussetzung eines ernsten, wohlgeleiteten Studiums konnte man nicht ohne Grund vermuthen, daß ein strenges, vielseitiges, alle Zweige der Rechtswissenschaft umfassendes Examen zu allen Zwecken genüge. Es geschah dies in Mecklenburg und Holstein, und zwar mit dem anerkannten Erfolg der Bildung eines überaus tüchtigen, hervorragenden Juristenstandes. Von einer Vergeudung der Studienzeit war bei diesen Juristen kaum etwas bekannt.

Die Mehrzahl der Staaten des gemeinen Rechts, welche der Sicherheit wegen noch ein zweites praktisches Examen folgen ließ, begnügte sich durchweg mit einer kurzen praktischen Uebungszeit. Da Advokatur und Richteramt nicht in der preußischen Weise geschieden waren, so konnte sich bei ihnen kein rein amtliches „Referendariat" bilden, für welches auch im gemeinen Prozeß (trotz seiner Schriftlichkeit) ein ausreichender Bildungsstoff nicht vorhanden ist. In der Advokatur und in gewissen Vorstufen der amtlichen Anstellung fand sich die für manche Bewerber vor der Anstellung im vollen Richteramt immerhin rathsame Probezeit.

Im Ganzen ähnlich war der Zustand in Ländern mit Codificationen gemeinrechtlichen Stoffes.

Ein anders geartetes Hinderniß der Nachbildung des Referendariats ergab sich in den Provinzen des rheinisch-französischen Rechtes, in denen ein überwiegend mündlicher Prozeß dem Institut des Referendariats in preußischer Weise sich unzugänglich erwies und alle Reglements nicht mehr als eine Schein-Uebereinstimmung herbeiführten. Ich komme darauf sogleich zurück.

Das Gesammtresultat war, daß im Gegensatz zu Preußen alle übrigen deutschen Staaten nur zu kurzen praktischen Uebungsstationen von einem oder zwei Jahren gelangen konnten, welche dann meistens mit einem wesentlich praktischen Examen abschlossen. Baiern gelangte zu einer 2½ jährigen Vorbereitungszeit nur dadurch, daß man einen 12 monatlichen Verwaltungsdienst einschob. An die Möglichkeit eines vierjährigen Uebungsdienstes konnte man nicht denken, weil es in dem bestehenden Prozeßverfahren an dem Bildungsstoff zur „Formation der Justizbedienten bei den Collegiis“ fehlte. Alle übrigen haben sich dagegen bemüht, ihrem Juristenstand eine ernstere wissenschaftliche Grundlegung zu geben und — wie der Durchschnitt der deutschen Rechtsprechung zeigt — mit einem Erfolg, welcher die Vergleichung weder mit dem preußischen noch mit dem Systemen des Auslandes zu scheuen hat.

III. Einen Uebergangszustand zwischen den beiden sich scharf gegenüberstehenden Systemen zu suchen, war Preußen selbst durch die Gerichtsverfassung im Bezirk des Appellationsgerichts zu Cöln gezwungen. Es sollte und mußte eine gewisse Gleichheit gesucht werden, um den dringend rathsamen Uebergang tüchtiger Juristen aus dem einen in das andere Rechtsgebiet zu ermöglichen, und um nicht durch eine allzu ungleiche Vorbereitungszeit naheliegende Mißbräuche herbeizuführen. Die Generalacten des Justizministeriums ergeben nun aber ein lehrreiches Material für das Problem, preußische Uebungsstationen, Bildungsmethoden und Prüfungen auf eine Gerichtsverfassung und auf ein Verfahren zu übertragen, an welchem sie nicht haften können. Mühsam brachte man freilich ähnliche Formen und Namen zu Stande, und kam damit auf eine einjährige „Auskultatur“ und auf ein zweijähriges „Referendariat“ mit gesonderten Stationen, von denen einige jeder Zeit todte Punkte blieben. Man verhehlte sich nicht, daß diesem von Grund aus verschiedenen Prozeß die geschäftsbildenden Elemente des altpreußischen fehlten.

Man konnte deshalb die rheinischen Referendarien nicht ohne Weiteres im altländischen Dienste verwenden. Sie sollten vor der Anstellung nach der Instr. vom 8. Febr. 1834 § 3 (Rheinl. Samml. IV. 21) wenigstens ein Jahr lang das nachholen, was ihnen fehlte. Als das, was ihnen fehlt, wird aber bezeichnet: „das Instruiren, das Inquiriren, das Referiren und das Decretiren, namentlich in Hypotheken-, Vormundschafts- und Nachlaßsachen", — ein präzises, aber sehr unwillkürliches Geständniß, daß im mündlichen Prozeß nicht mehr als Alles fehlt, was das preußische Referendariat zum „Referendariat" gemacht hat. Gleiches wurde für den gemeinrechtlichen Bezirk am Ostrhein vorgeschrieben. (Jahrb. 43, 141, 156.)

Nicht minder schwierig gestaltete sich die Uebertragung der drei preußischen Examina. Und doch wurde sie unvermeidlich durch die Nothwendigkeit ungefähr gleicher Bedingungen der Anstellung. Man kam damit auf folgende Unterscheidungen:

Ein erstes wissenschaftliches Examen, ungefähr in der Weise des altpreußischen Tentamen pro auscultatura, in welchem „bloß Theorie" gefragt wird;

Ein zweites Examen, in welchem dasselbe gefragt wird wie pro auscultatura, sowie rheinisches Recht, insbesondere aber römisches Recht. (Regl. v. 26. Febr. 1832, § 22, insbesondere Verf. vom 26. Januar 1841 Gen. I. 998.)

Ein drittes Examen, in welchem nochmals dasselbe verlangt wird, aber „im Allgemeinen schärfer" als das zweite Mal. (Regl. v. 16. Febr. 1832. Instr. v. 4. Febr. 1834.)

— Ein ebenso präcises, wie unwillkürliches Geständniß über den eigentlichen Charakter der Trilogie der preußischen Examina.

Eine Nöthigung zur theilweisen Aenderung des altpreußischen Vorbereitungsdienstes ergab sich nun aber auch im Gebiete der preußischen Gerichtsordnung selbst, seitdem durch die Reformen von 1846 dem schriftlichen Prozeß ein mündliches Schlußverfahren gegeben war, in welchem wichtige Elemente des bisherigen Vorbereitungsdienstes fehlten. Das „Instruiren" mit seinem Prachtstück, dem status causae et controversiae, kam in Wegfall. Die wohldurchdachte abgerundete, das ganze Sach- und Rechtsverhältniß beherrschende „Relation" degenerirte zu einem „Referat". Die Untersuchung sank zu einer Voruntersuchung herab u. s. w. Der Justizminister fühlte wohl die bedenklichen Folgen der sonst so heilsamen Reform für den Vorbereitungsdienst, und suchte sogleich durch eine Zusammenstellung v. 22. Juni 1847 (J. M. Bl. 183), dann durch Regulativ v. 10. Dezember 1849 (J. M. Bl. 492) von dem Guten zu erhalten, was zu erhalten wäre. Die Stationen der Auskultatur und des

Referendariats werden nun zum ersten Male fest auf 4 Jahre ausgedehnt. Man sieht überall das Bemühen, wo die Sache verloren gegangen war, wenigstens die alte Rubrik zu retten (C. Nr. 2 a. a. O.). Aber man mußte allseitig anerkennen, daß das Referendariat „nachlasse“ und daß auch bei den Tüchtigsten die alte, vielseitige „Geschäftstüchtigkeit“ sich nicht mehr erziehen ließ, trotz aller Ermahnungen die Examina strenger zu nehmen.

ach zwei Jahrzehnten mußte man sich zu weitergehenden Concessionen an die neue Lage der Dinge entschließen. Man ließ das zweite, bisherige „Referendariatsexamen“ fallen und und ernannte den Candidaten schon nach der ersten Prüfung zum Referendarius, in Anerkennung, daß dreimal examiniren doch zu viel sei. Gleichzeitig entschloß man sich zu einer bedeutungsvollen Aenderung des Grundcharakters der dritten Prüfung:

> „Die Prüfung soll einen wesentlich praktischen Charakter an sich tragen.“ Ges. v. 6. Mai 1869 § 10 im Gegensatz zur A. G. O. III. 4 § 27. (ein strenges Examen in der Theorie der Rechtsgelehrsamkeit.)

Die übrigen Grundverhältnisse blieben stehen, obgleich sie nach Herausnahme des zweiten Examens nicht recht zu einander paßten. Allein die Hauptsache war gewonnen durch die richtige Scheidung in ein wissenschaftliches und in ein praktisches Examen. Der Boden war damit geebnet für die deutschen Justizgesetze. Für alle Staaten war nun die Scheidung in ein theoretisches und ein praktisches Examen annehmbar und sachgemäß. Alle Justizministerien scheinen einig gewesen zu sein in dem Anerkenntniß, daß an Richteramt und Advokatur fortan durchschnittlich höhere Forderungen gestellt werden müssen als bisher, — daß beide Prüfungen ernst zu nehmen, — daß beiden eine hinreichende Vorbereitungszeit vorangehen müsse. Es ist der einen oder anderen Staatsregierung wohl nicht leicht geworden, die Verlängerung des praktischen Vorbereitungsdienstes von einem oder zwei auf drei Jahre anzunehmen. Eine Verlängerung auf vier Jahre stieß, so viel bekannt, auf den entschiedensten Widerspruch, während Preußen darauf bestehen zu müssen glaubte. Diese ernste Differenz in dem mit zahllosen Hindernissen beschwerten Gerichtsverfassungsgesetz durch Majorisirung Preußens zum Austrag bringen zu wollen, wäre wenig rathsam gewesen. Es war ein annehmbarer Beschluß, für die Regierungen wie für die Commission, wenn man solide, sachgemäße Vorbedingungen, über welche man als Minimalmaß einig war, gesetzlich feststellte, und damit die wesentlichen Vorbedingungen der Gleichheit sicherte durch folgende Sätze:

> Daß in jedem deutschen Staate eine mindestens dreijährige Studienzeit, eine mindestens dreijährige Uebung im praktischen

Dienste stattfinden soll, und dem entsprechend zwei Prüfungen zum Abschluß sowohl der einen wie der andern.

Die kleinen Gebiete, in welchen bisher nur eine Prüfung stattfand, werden zu einer Zweitheilung genöthigt. Die Staaten, welche eine kürzere praktische Vorbereitungszeit erforderten, müssen solche auf drei Jahre verlängern. Diejenigen, welche ein vierjähriges Studium oder ein vierjähriges Referendariat bisher forderten, können die vierjährige Frist beibehalten.

Nachdem indessen die Gesetze selbst in Sicherheit gebracht sind, wird eine wiederholte unbefangene Prüfung ergeben, daß sachliche Gründe für solche Verschiedenheiten nicht mehr vorhanden sind, daß vielmehr:

I. für die angemessene Entwickelung des Richteramts und der Advokatur in Deutschland vollkommen einheitliche Grundsätze geboten sind;

II. daß der praktische Vorbereitungsdienst in Zukunft sich lediglich durch das neue Prozeßverfahren bestimmt, sich damit vereinfacht, verkürzt und für das zweite Examen nur den Charakter eines „praktischen" übrig läßt;

III. daß eben deshalb eine längere und gründliche wissenschaftliche Vorbildung des Richters und Advokaten geboten ist, und daß der Schwerpunkt ganz anders als bisher in Preußen, in die akademischen Studienjahre und in das erste wissenschaftliche Examen fällt.

Ich werde mich bei der Ausführung dieser Sätze vorzugsweise an die bisherige preußische Prüfungsordnung halten, weil solche bis jetzt das größte Gebiet in Deutschland beherrscht, besonders aber deshalb, weil alle erheblichen Streitpunkte auf Widersprüchen zwischen preußischen und deutschen Traditionen beruhen, bei denen es sich fragt, ob die preußischen Besonderheiten berechtigte oder unberechtigte Eigenthümlichkeiten darstellen.

I.

Die gleichen Anforderungen an die wissenschaftliche und praktische Vorbildung des künftigen deutschen Richters und Anwalts sind die naturgemäße Folge der völlig gleichen Pflichten, welche Richter und Anwalt in jedem Theile des deutschen Gebietes fortan zu erfüllen haben. Sie sind zugleich die nothwendige Vorbedingung des Grundsatzes, daß jeder Deutsche fortan die gleiche Befähigung zu juristischen Aemtern und Functionen in jedem Einzelstaat des deutschen Reiches besitzen und wirksam ausüben soll.

Für die künftige Advokatur ist diese Forderung eine unabweisbare. Ein „freie" Advokatur, — d. h. eine von ministeriellem Anstellungsrecht befreite Advokatur in nicht geschlossener Zahl, — setzt unbedingt gleiche Stellung der Vorbedingungen voraus. Jede besondere Anforderung, welche der eine oder andere Staat aufrecht erhalten wollte, würde durch die Freizügigkeit sofort illusorisch werden. Jede Ungleichheit der Vorbedingungen würde alsbald zu einem Unterbieten führen und dasjenige System zum herrschenden machen, welches die leichtesten Vorbedingungen stellt. Der ärztliche Stand weiß davon zu erzählen, welche Folgen ein solches System hat, wenn nicht zugleich dafür gesorgt wird, daß gleich strenge Vorprüfungen aller Orten stattfinden und in ihrer Handhabung genügend controlirt werden.

Für das Richteramt könnte die Gleichheit minder nothwendig erscheinen, weil keine Justizverwaltung verpflichtet ist, einer bestimmten Person ein Richteramt zu verleihen. Ein preußischer Justizminister könnte das Gesuch eines sächsischen Justizbeamten kurzweg aus dem Grunde ablehnen, weil er nur einen dreijährigen Dienst als Praktikant durchgemacht hat. Ein sächsischer Minister könnte einen preußischen Bewerber lediglich aus dem Grunde zurückweisen, weil das preußische Referendarexamen „notorisch oberflächlich und unzuverlässig" sei. Allein, welchen Eindruck sollte die Geltendmachung solcher Eigenthümlichkeiten wohl auf die öffentliche Meinung, auf die bürgerliche Stellung, auf die Ehrenhaftigkeit des Richterstandes ausüben? Wo bliebe die grundsätzliche Gleichheit der Qualification des Richters und des Advokaten, auf welche die neue Gesetzgebung mit Recht das höchste Gewicht legt?

Ist die Einheit des Rechtes und seiner Handhabung ein hochwerthvolles Gut für die deutsche Nation, muß das Publikum die mannigfaltigen Unbequemlichkeiten tragen, welche von der Erreichung dieses hohen Zweckes untrennbar sind, muß die Advokatur zur Erreichung dieses Zweckes der Reform die allerschwersten Opfer bringen: so werden auch die Richter und die Verwaltungsbeamten der Justiz etwas von liebgewordenen Gewohnheiten aufgeben müssen, und auch ihrerseits die Einheit ermöglichen.

Die volle intellektuelle Gleichheit des Richteramts und der Advokatur ist und bleibt für beide Zweige Vorbedingung einer würdigen Entwicklung und drängt alsbald zur Entscheidung der noch offenen Frage. Behält der eine Staat ein vierjähriges Referendariat und eine dreijährige Studienzeit bei, der andere Staat eine vierjährige Studienzeit und ein dreijähriges Referendariat, so ist das Herunterhandeln auf das minus der sofort eintretende Erfolg. Die Concurrenzverhältnisse unter deutschen Einzelstaaten haben stets diesen Verlauf genommen. Der Jurist, welcher ein Jahr an der so kostbaren Zeit ersparen will, macht sein Referendariat in einem Staate mit dreijähriger Frist, läßt sich aber als Advokat in einem Staat mit vierjähriger Frist nieder und beansprucht folgerecht auch seine Anstellung als Richter.

Diesen Ausgang der Dinge sollten am meisten Diejenigen verhüten, welche die „freie Advokatur“ am lebhaftesten fürchten. Die unleugbaren Mißbräuche der freien Advokatur beruhen aber, — abgesehen von ihrer Entwickelung auf einem zu kleinen geschlossenen Gebiet (was künftig wegfällt) — immer an erster Stelle auf der zu leichten Zulassung von Personen, welche nicht die volle wissenschaftliche und praktische Befähigung zum Richteramt erworben haben, und welche eben deshalb leicht in Bahnen gerathen, die des gelehrten Berufes wenig würdig sind. Mag Oesterreich auch etwas zu weit gegangen sein in überstrengen Anforderungen an die freie Advokatur: der Beweis, daß bei ernsten und strengen Anforderungen keiner der gefürchteten Mißbräuche eintritt, ist dort überzeugend geführt. Wer diese Ueberzeugung theilt, wer dem Advokatenstand die ihm zukommende hohe Stellung dauernd sichern will, muß auf jede Verschiedenheit verzichten, die nur zu einer Herabsetzung der Qualification führen kann.

Das persönliche Interesse des Juristenstandes und die sachlichen Forderungen der Rechtspflege treffen in dieser Frage völlig zusammen. Variirte die durchschnittliche Vorbildungszeit des deutschen Juristen als Ganzes bisher zwischen fünf und sieben Jahren, so ist die unbedingte Festhaltung der siebenjährigen Frist durch die höheren Anforderungen geboten, welche das neue Verfahren am meisten an den Anwalt und an den Einzelrichter stellt. Die längere Frist läßt sich aber nur behaupten, wenn überall gleichmäßige Vertheilung der Zeit zwischen der wissenschaftlichen und praktischen Vorbildung besteht, und diese Wahl muß getroffen werden, ehe die Ungleichheit neue Mißbräuche erzeugt hat. Es kann sich nicht noch einmal um die leidige Feststellung von „Uebergangszuständen“ handeln, sondern um eine endgültige Feststellung, von welcher ebenso die Ausführung unserer Gesetze wie das Schicksal unseres Berufsstandes auf Jahrzehnte hinaus abhängig sein wird. Die Vertheilung der Zeit beruht aber auf sachlichen Gründen, die in jedem Theile Deutschlands von jetzt an identisch sind. Die deutsche Rechtswissenschaft und ihre Pflege auf den Universitäten war seit lange einheitlich. Die Gerichtsverfassung und das Verfahren sind es von jetzt an. Es bleibt hier kein Raum für Eigenthümlichkeiten, welche die Entwickelung des Ganzen beschädigen.

Es bedarf keiner Bevorwortung, daß damit keine mechanische Uniformität der Ausführung gemeint ist. Dem Einzelstaat verbleibt die Justizverwaltungshoheit. Es bleibt ihm nach wie vor überlassen, die Universitätsstudien zu pflegen, die Stationen des praktischen Dienstes zu normiren, die Prüfungsbehörden zu bilden und zu instruiren Die Grundnormen aber, von welchen die Qualification und die sog. Freizügigkeit des Richterstandes und der Anwaltschaft abhängen, müssen vom Reich aufgestellt und in ihrer Ausführung auch controlirt werden. Die Neigung zur Neubildung berechtigter Eigenthümlichkeiten wird auch in diesem engern Rahmen nach deutscher Weise fortdauern. Aber in der Concentrirung auf einen einheitlichen Stoff wird die wissenschaftliche und praktische Bildung des Juristenstandes diejenige Vertiefung und Energie finden, um seine naturgemäße Stellung als Führer der Nation im öffentlichen Leben zu gewinnen.

Die entscheidende Frage gewinnt damit die einfache Gestalt:

wie ist der feststehende siebenjährige Zeitraum zwischen dem wissenschaftlichen Studium und dem praktischen Vorbereitungsdienst angemessen zu vertheilen?

II.

Die Gestaltung des praktischen Uebungsdienstes und der dazu gehörigen zweiten (praktischen) Prüfung ist voranzustellen, weil alle Grundlagen der Entscheidung durch die neuen deutschen und preußischen Justizgesetze unabänderlich gegeben sind.

Das preußische Gesetz vom 6. Mai 1869 spricht bereits den Grundsatz aus, daß die große Staatsprüfung einen wesentlich praktischen Charakter an sich tragen soll. Von diesem Grundsatz giebt es keine Umkehr schon deshalb, weil er die einzig mögliche Grundlage der Einheit für Preußen und die übrigen deutschen Staaten darstellt.

Die preußische Eigenthümlichkeit, vermöge deren die große Staatsprüfung „ein strenges Examen in der Theorie" (A. G. O. III. 4. § 27), — das eigentlich wissenschaftliche Examen sein sollte, die erste Prüfung aber nur ein erster Versuch dazu — hat also bereits aufgehört.

Die preußische Eigenthümlichkeit, nach der ein vier- bis fünfjähriges Referendariat die versäumten Universitätsstudien nachholen und, eine mehrjährige Repetirzeit zur Beschaffung und Ergänzung des theoretischen Wissens darstellen sollte, hat bereits ihren gesetzlichen Boden verloren.

Die preußische Eigenthümlichkeit kann und soll aber auch nicht nebenbei fortdauern, weil sie bei der heutigen Lage der Dinge ebenso die wissenschaftliche wie die praktische Prüfung verkürzt und beschädigt. Ein „großes" Examen, welches erschöpfend Theorie und Praxis zugleich constatiren soll, kann keinem der beiden Zwecke ganz genügen. Das „große" Examen wird dann eben zu groß, sowie das erste Examen in Preußen jederzeit zu klein geblieben ist. Die ältere preußische Weise in einem ersten, zweiten und dritten Examen wesentlich dieselben Dinge zu fragen, war nach allen Erfahrungen des Prüfungswesens fehlerhaft.

Die preußische Eigenthümlichkeit endlich, das Referendariat sich als eine lang hingezogene Uebungszeit zu denken, in welcher 12=, 6=, 3monatliche Uebungsstationen mit 12=, 6=, 3monatlichen Perioden der Studien und Repetitorien in zufälligem Gemenge lagen, hat ihren gesetzlichen Boden ebenso verloren. Der „praktische" Vorbereitungsdienst hat diese Bestimmung nicht und kann in der richtigen Weise so wenig Theorie lehren wie die Universität „Praxis" lehren kann. Wenn eine solche Verquickung dieser beiden Seiten eintritt, wie in Preußen, so ist die Folge nur die, daß der Jurist die Grundlagen seiner Wissenschaft nicht in ihrem geistigen Zusammenhange als Ganzes, sondern zerstückelt (im Anschluß an Koch und das Fünfmännerbuch) kennen lernt, wobei für Staatsrecht und alles Staatswissenschaftliche ein vacuum bleibt, und dem Juristen eine Mißachtung gegen die „bloße Theorie" förmlich anerzogen wird.

Die zwingende Logik dieser Lage führt dahin, daß wir dem preußischen Referendariat die bisherige „Repetirzeit" abziehen und mit Ausscheidung aller Nebenzwecke zu fragen haben:

> welcher Zeitraum ist nach dem Verfahren der neuen deutschen Justizgesetze mit einem Praktikantendienst zweckmäßig und angemessen auszufüllen.

Unser älterer schriftlicher Prozeß hatte neben seinen weltkundigen Mängeln auch Lichtseiten, zu denen die leichtere Ausbildung der Praktikanten gehörte. In weit erhöhtem Maße war die preußische Gerichtsordnung mit ihrer Methode der Instruction, Decretur und Relation geeignet, Juristen und Verwaltungsbeamte auszubilden. Das gerühmte preußische Beamtenthum ist ebenso aus dem Referendariat erwachsen, wie die Lehrerschaft der deutschen Universitäten aus dem Privatdocententhum.

Alle Grundlagen dieser praktischen Schule sind nun aber durch die deutschen Justizgesetze beseitigt. Es soll nicht mehr referirt werden, weder in Civil= noch in Strafsachen, und bei Berathung der Gesetze ist mit der äußersten Vorsicht verfahren, damit die „Referentenwirthschaft" nicht wieder in die Collegien einziehe. Das ehemalige „Instruiren" vollzieht sich jetzt bei den Collegialgerichten durch Verhandlungen und Beschlüsse des Gerichts im Audienztermin. Ein laufendes Decernat für die Prozeßleitung und die Hülfsvollstreckung giebt es eben so wenig. Woher soll also die Thätigkeit kommen, mit welcher das Referendariat früher vier Jahre ausfüllen konnte?

Praktische Erfahrungen über den Uebungsdienst im künftigen deutschen Prozeß hat von uns freilich Niemand. Aber alle Elemente, welche für die Frage entscheidend sind, liegen bereits in den Akten des preußischen Justizministeriums vor, wie schon oben bevorwortet wurde.

Schon der Uebergang aus dem altpreußischen Verfahren in das halb=

mündliche neupreußische hat seit 1846 die altpreußische Schule des Referendariats tief erschüttert.*) Die im Regulativ von 1849 beibehaltenen älteren Stationen der Auskultatur und die neu formirten Stationen des Referendariats (J. M. Bl. S. 493, 494) nahmen sich auf dem Papier noch stattlich aus, während der Bildungsstoff in der Hälfte der Stationen eingetrocknet und verkümmert war. Von unschätzbarem Werth blieb allerdings die Beschäftigung bei dem Einzelrichter (Gerichtscommission), die m. E. immer zu kurz bemessen war. Manche Stationen waren geradezu werthlos und dienten gegen das Ende nur als Pausen zum „Repetiren". Das spätere Reglement von 1869 hat es aus guten Gründen vermieden, die Stationen überhaupt noch zu specialisiren.

Der französisch-rheinische Prozeß aber, welcher dem neuen deutschen sehr viel näher liegt, hat sein Referendariat niemals genügend beschäftigen und ausbilden können. Die dies offen bekennenden Reglements sind schon oben erwähnt.**) In dem mündlichen Prozeß der Rheinprovinz vermochte die Justizverwaltung nicht mehr als eine ein-

*) Der Einfluß der Prozeßreform von 1846 auf die Bildungsschule des Referendariats ist in ähnlicher Weise gewürdigt worden von Twesten und Waldeck in den Landtagsverhandlungen über das Gesetz vom 6. Mai 1869 sten. Ber. 1868/69 II. 1831, 1838. Niemand hat diesen Gegensatz lebhafter empfinden können als ich, der ich den Uebergang im lebendigsten Verkehr mit der jüngeren Generation unserer Juristen durchgemacht habe. Da es für die späteren Streitpunkte nicht ohne Interesse sein wird, so füge ich einiges Persönliche zu. Ich habe von meiner früheren Thätigkeit in den preußischen Gerichten die ersten zehn Jahre (1836—46) in der vollen Schule des alten Prozesses durchlebt, und habe (wie damals gewöhnlich) die Stationen der Auskultatur in $1^1/_4$ Jahren, die des Referendariats in $1^3/_4$ Jahren beendet. Ein Zeitraum von 4 Jahren bis zum Assessorat entstand für uns nur durch die weitläufigen Formen, Fristen und Probearbeiten des II. und III. Examens. Bei den großen Collegien wurden die Referendarien grundsätzlich zu den zeitraubendsten Arbeiten herangezogen. Ich, wie die Anderen, hatte Concurs- und größte Civilprozesse zu instruiren, status causae von 20 Bogen und mehr, entsprechende Relationen, Defensionsschriften (selbst in Capitalsachen) von ähnlichem Umfange zu bearbeiten. Wir hatten (allerdings unter ernster Controle) Hypothekendecernate, unter oft sehr leichter Controle große Prozeß- und Vormundschaftsdecernate zu führen (ich selbst die großen Vermögensverwaltungen in Vertretung des Raths Kempf). Eine der Entscheidung zu Grunde gelegte Relation von 48 Bogen (i. S. v. Bülow c. Schlesinger) habe ich schon als Auskultatorarbeit zu liefern gehabt. Das Verfahren seit 1846 kannte diese Arbeiten theils überhaupt nicht mehr, theils konnten die Referendarien dabei nicht mehr in früherer Weise verwendet werden.

**) Ich bin bei dem Kammergericht als Correferent öfters rheinischen Referendarien und Assessoren zugeordnet worden, welche im altländischen Verfahren eine Nachbildung suchten. Die Gegensätze der Procedurformen machten sich dabei in so evidentem Maße geltend, daß auch reifere Männer von vortrefflicher Bildung sich unglaublich schwer in unsern Geschäftsgang hineinfanden.

jährige Auskultatur zu schaffen (die aber auch auf 6 Monate verkürzt werden durfte, Regl. v. 10. Febr. 1836 § 18 ꝛc. Rhein. Samml. III. 437, IV. 181, 210, VI. S. 362) und ein zweijähriges Referendariat (Regl. v. 26. Febr. 1832, § 26 ꝛc. Rhein. Samml. III. 440, IV. 48, 211). Es kam danach, wie in Frankreich, eine dreijährige stage zum Vorschein, innerhalb welcher der Auskultator drei Monate als Protokollführer, drei Monate als Gerichtsschreiber, drei Monate im Parquet des Oberprocurator, drei Monate mit Relationen und Urtheilsentwürfen beschäftigt werden sollte. Der Referendar sollte drei Monate bei einem Friedensrichter, drei Monate im Parquet, drei Monate mit Relationen und Urtheilsentwürfen und dann ein Jahr bei einem Advokatanwalt beschäftigt werden. (Das neue Reglement von 1869 spricht aus guten Gründen nur von einem Jahr bei einem „Friedensgericht und Notar" — anderthalb Jahre bei Landgericht und Staatsanwalt in Bausch und Bogen, — um eine gleiche Länge der Fristen herauszubringen.) Ein weiterer Uebungsstoff hat sich eben im rheinischen Prozeß nicht ermitteln lassen.*) Auch in Frankreich hat Niemand an eine Verlängerung der 3jährigen stage gedacht. Im neuen deutschen Prozeß verengert sich das Gebiet aber noch weit mehr, da es keine „Relationen" bei dem Landgericht mehr giebt und bei der Staatsanwaltschaft die am Rhein wichtige Thätigkeit im Civilprozeß und in Justizverwaltungsgeschäften wegfällt.**)

Amtliche Berichte der Gerichtspräsidenten aus der Rheinprovinz, Hannover und anderen Gebieten des mündlichen Prozeßverfahrens, können wohl konstatiren, daß ein Refererendar 3 oder 4 Jahre seine Stationen ausgehalten hat, schwerlich aber ob mit Nutzen für seine praktische Ausbildung oder nur als ein Zeitraum, der im besten Fall zum Repetiren nutzbar gemacht wurde. Man muß die einzeln jetzt noch bestehenden Stationen des Dienstes der Reihe nach mit dem künftigen deutschen Prozeßgange vergleichen, um sich zu überzeugen, welche schreckenerregend leeren Räume sich ergeben werden!

Jede Prozeßweise hat nun einmal unabänderlich ihre eigene Art der Anleitung zur Praxis. An den bildenden Elementen wird es im neuen Ver-

*) Charakteristisch ist der Versuch in dem Circ.-Rescr. v. 10. Dez. 1834 No. 4, eine Beschäftigung am Rhein zu finden durch „Anfertigung von Auszügen und Zusammenstellungen aus Akten und Rechnungen", Zusammenstellung der geltenden Vorschriften, statistische Tabellen für die Justizverwaltung und dgl. — besonders aber soll „römisches Recht" studirt werden. (Verf. v. 26. Jan. 1841. Gen. I. 998.)

**) Die Versuche, bei der altländischen Staatsanwaltschaft eine erhebliche Station herauszubringen, Rescr. v. 29. März 1853 (J. M. Bl. 134 ꝛc.) sind stets ohne sonderlichen Erfolg geblieben.

fahren nicht fehlen, aber sie liegen an völlig anderen Stellen, nemlich in den Amtsgerichten, in der Advokatur, und nur in sehr untergeordneter Weise beim Collegialgericht.

Ein Jahrescursus beim Amtsgericht ist für den zukünftigen Praktikanten die Hauptstelle, weil hier von der alten Weise des Instruirens, Referirens und Decretirens am meisten stehen geblieben ist, weil hier noch eine zusammenhängende Thätigkeit in täglichem Verkehr zwischen dem Lehrenden und dem Lernenden möglich bleibt. Hier ist wirklich noch viel zu lernen. Ein volles Jahr (nicht wie nach den früheren preußischen Anweisungen 3 Monate) ist für diese Hauptstelle vorweg zu beanspruchen, auch mit Rücksicht auf die strafprozessualische Seite.

Ein zweiter Jahrescursus ist in dem Büreau des Advokaten und in der Stellvertretung desselben gegeben. Der englische und der französische Prozeß legen den Schwerpunkt der ganzen Vorbildung an diese Stelle. In langsam fortschreitendem Maße wird dies Verhältniß auch wohl in Deutschland eintreten. Die bisherige Unwirksamkeit für das preußische Referendariat beruhte auf den ungenügenden Anordnungen. Den Referendar auf ein Vierteljahr einem Rechtsanwalt überweisen, war für den einen wie für den anderen Theil eine nutzlose Formalität. Auch eine halbjährige Frist ist ungenügend; denn ein Praktikant ist in so kurzer Zeit nicht im Stande, die Belehrung durch wirkliche Dienste zu vergelten. Ein volles Jahr erst wird unter den nöthigen Controlen sich als nutzbar erweisen. Es bedarf dafür aber sorgfältiger Einrichtungen, die mit dem Ehrenrath der Anwaltschaft zu vereinbaren sind, um eine ernste Beschäftigung zu garantiren, deren Art, Maß und Erfolg durch monatliche Geschäftsnachweisungen und specielle Atteste zu ordnen ist. Die Verpflichtung der Anwaltschaft zur Uebernahme dieses Lehramts folgt aus der jetzigen Fassung des Gerichtsverfassungsgesetzes § 2. Es wird zur Ehrensache werden, wenn man dem Anwalt wie die Pflichten, so auch die Rechte eines zugeordneten Gerichtsraths ertheilt, und seinen Zeugnissen unter Controle des Ehrenraths das maßgebende Gewicht für die Zulassung zum Examen beilegt.

Als dritter Cursus bleibt die Beschäftigung bei dem Collegialgericht (Landgericht) übrig, die sich, wie bisher üblich, dahin formuliren läßt: den Sitzungen des Collegiums fleißig beizuwohnen, Termine abzuhalten, Vertheidigungen zu übernehmen, Protokolle im Audienztermin aufzunehmen, die vom Collegium beschlossenen Erkenntnisse auszuarbeiten u. s. w. Es wird indessen leichter sein, Einzelnes aufzuzählen, als daraus eine zusammenhängende Thätigkeit in getrennten Stationen zu bilden und damit einen einjährigen Zeitraum wirklich auszufüllen. Eine obligatorische Beschäftigung bei den Appellationsgerichten im mündlichen

Prozeßverfahren hat schon unser Regulativ v. 29. Dez. 1869, § 25, aufgegeben, da alles, was dort zusehen und zu hören, auch beim Landgericht gelernt werden kann. Bei den Landgerichten der Rheinprovinz hat man im Laufe eines Menschenalters nicht mehr herausbringen können, als ein Vierteljahr Beschäftigung für den Auskultator, ein Vierteljahr für den Referendarius!

Diese Uebersicht der künftigen Beschäftigung unserer Referendarien ist nicht gerade erfreulich. Aber es wäre eine Selbsttäuschung, wenn man ein Anderes erwarten wollte. Um so mehr muß man darauf bedacht sein, die knapper bemessenen Bildungselemente zu sammeln, durch strenge Controlen deren Wirksamkeit zu sichern, die monatlichen Beschäftigungslisten durchzuführen, die gelieferten Arbeiten und Leistungen durch Special-Atteste zu bezeugen, für die wichtigeren Gruppen der Arbeiten eine Minimalzahl festzuhalten (mag es auch etwas pedantisch aussehen), endlich die Zulassung zur Prüfung von einem amtspflichtmäßigen Generalattest des Amtsrichters, Rechtsanwalts, Gerichtsvorstandes abhängig zu machen.

Aus der Natur dieser Uebungscurse ergiebt sich nun aber auch die Natur des den Uebungsdienst abschließenden Examens. Diese abschließende Prüfung kann zunächst nur eine Nachprüfung und Controle der vorliegenden General- und Spezialzeugnisse sein.

Am unrechten Orte ist an dieser Stelle jedenfalls eine wissenschaftliche Arbeit, die zur ersten wissenschaftlichen Prüfung gehört. Es wird statt deren vielmehr unbedingt auf eine Mehrheit von praktischen Probearbeiten ankommen.

Die mündliche Prüfung wird sich auf mündliche Vorträge von Rechtsfällen, Beurtheilung casuistischer Fragen, Kenntniß der Geschäftsformen erstrecken — dann aber auf eine Spezialprüfung über das bei den Gerichten des Landes in täglicher Uebung stehende Recht und Prozeßverfahren. Die in dieser Beziehung bestehenden Vorschriften über die „große Staatsprüfung" in Preußen haben sich wohl bewährt und können auch von der Reichsgesetzgebung angenommen werden, während dagegen von Preußen die Herabsetzung der Uebungszeit von 4 auf 3 Jahre zu verlangen ist.

Dies Zugeständniß wird indessen auch heute noch verweigert. Der zur Ausführung der Justizgesetze vorgelegte preußische Gesetzentwurf behält das vierjährige Referendariat bei und die Motive erklären rundweg,

> daß man nach den bisher gemachten Erfahrungen an der vierjährigen Frist unter allen Umständen festhalten werde.

Es soll bei der Prüfung der Gründe dieses Widerspruchs nicht verkannt werden, daß dem vierjährigen Referendariat seiner Zeit wirklich berechtigte preußische Eigenthümlichkeiten zu Grunde lagen, in denen sich mancherlei Mängel gegenseitig ausglichen. Aber ebenso entschieden muß ich behaupten, daß auch nicht eine einzige der Voraussetzungen mehr besteht, aus denen das vierjährige Referendariat in Preußen entstanden ist.

Es war gerechtfertigt, so lange man durch die preußische Instruirmethode Referendarien im Vorbereitungsdienst wirklich voll beschäftigen und erfolgreich ausbilden konnte.

Es war gerechtfertigt, so lange man in Preußen ein zweites und drittes Examen hatte und haben mußte, um die kläglichen Leistungen des Auskultatorexamens gut zu machen.

Es war gerechtfertigt, so lange man davon ausging, daß der preußische Jurist seine völlig ungenügende wissenschaftliche Ausbildung auf der Universität durch Repetitorien zwischen der Auskultatur und dem Assessorat erst consolidiren müsse.

Es ist nicht gerechfertigt, seitdem der mündliche Prozeß ein ganz anderes, unendlich viel knapperes Bildungsmaterial bietet.

Es ist nicht gerechtfertigt, sobald man die Anforderungen an eine solide wissenschaftliche Vorbildung, wie bei allen anderen wissenschaftlichen Berufen in das erste, nicht in das letzte, praktische Examen legt.

Es ist nicht gerechtfertigt, wenn es überhaupt nicht um der juristischen Aemter, sondern (wie in den Verhandlungen über das Gesetz v. 6. Mai 1869) um der Verwaltungsämter willen verlangt wird; die Gestaltung der Verwaltung ist vielmehr so vollständig im Fluß begriffen, daß es unverantwortlich wäre, um dieser hypothetischen Formation willen, den Juristen Zumuthungen zu machen, die außer der Berufssphäre eines Richters oder Anwalts liegen.

Von allen diesen maßgebenden Verhältnissen sagt der preußische Entwurf nichts, sondern nur Folgendes:

> Schon mit Rücksicht auf die schwierige Thätigkeit des Richters in Sachen der nicht streitigen Gerichtsbarkeit reiche eine vierjährige praktische Vorübung für die Mehrzahl der Referendarien nicht aus.

Wenn dies die Lösung des Räthsels sein soll, so bitte ich, irgend einen Kreisgerichtsdirektor zu fragen, ob durch den Dienst beim Monatsrichter, durch Aufnahme von Verträgen und Testamenten, durch die Verwaltungsgeschäfte der II. Abtheilung eines Kreisgerichts ein Referendar für sein künftiges Richteramt ausgebildet werden kann. Im Verlauf von zwei Menschenaltern ist dies Material für eine Uebungsstation von einem vollen Jahr noch nicht gefunden worden. Dies Verlegenheitsargument wird für Manche gerade ein Beweis sein für die Unmöglichkeit, überzeugende

Gründe für die Aufrechterhaltung der preußischen Eigenthümlichkeit aufzufinden.

Um zu der hier nothwendigen Einheit zu gelangen, wird es demnach nöthig werden, die dreijährige Frist durch Reichsgesetz allgemein vorzuschreiben. Alles Uebrige kann entweder aus dem Pr. Gesetz von 1869 entnommen, oder auch der Landesgesetzgebung und den Landes-Justizverwaltungen überlassen werden, bei denen die Einsicht, der gute Wille und das Interesse an der zweckmäßigen Gestaltung des praktischen Vorbereitungsdienstes vorauszusetzen ist. Die wichtigsten Einzelheiten lassen sich überhaupt weniger durch Gesetz, als durch die Geschäftsordnung und Uebung einer ständigen Prüfungscommission feststellen. Allerdings aber bedarf es einer Controle des Reichsjustizamts (Art. 4 der D. Verf.-Urk.) darüber, daß das Niveau dieser Prüfungen nicht an irgend einer Stelle so weit herabsinke, daß es der Qualification für Richteramt und Anwaltschaft „in jedem Theile Deutschlands" nicht mehr entspricht. Die in kurzer Zeit gemachten Erfahrungen für das Staatsexamen der Aerzte zeigen, daß wir immer wieder in den sehr alten deutschen Fehler zurückfallen, Gesetzesnormen und Aufsichtsrechte zu geben, ohne Zwangsrechte zur Ausführung und zur Controle der Ausführung. Für ein Reichsgesetz würden etwa folgende Sätze genügen:

> Die Zulassung zur zweiten (praktischen) Prüfung ist durch den Nachweis einer mindestens dreijährigen, dem deutschen Gerichtsverfassungsgesetz § 2, 3 entsprechenden Thätigkeit bedingt.
>
> Der Bewerber hat von denjenigen Landgerichten, Amtsgerichten und Rechtsanwälten, bei welchen er beschäftigt gewesen, Zeugnisse über die Art, das Maß und den Erfolg seiner Beschäftigung beizubringen.
>
> Gegenstand der Prüfung ist, das Landesrecht in seiner praktischen Anwendung bei den Landesgerichten.
>
> Zur Abhaltung der Prüfung ist eine ständige Prüfungscommission von der Landesjustizverwaltung zu ernennen.
>
> Das Reichsjustizamt ist befugt, diesen Prüfungen durch einen Commissarius beizuwohnen und auf dessen Bericht die Ertheilung der Fähigkeitszeugnisse zu beanstanden.

III.

Die Frage nach der Gestaltung der wissenschaftlichen (Universitäts-) Vorbildung der Juristen und der dazu gehörigen wissenschaftlichen (ersten) Prüfung ist durch die vorgehende Erörterung in ihrem Hauptstreitpunkt bereits indirect entschieden.

Was unsere Juristen durch die unabänderliche Natur des neuen Verfahrens in ihrer praktischen Vorbildung verlieren, muß wieder gewonnen werden durch eine längere und gründlichere wissenschaftliche Bildung. Eine harmonische, theoretische Bildung führt stets auch zu einer leichteren Aneignung der praktischen Fertigkeit, — bei uns Juristen ebenso wie in jeder geistigen Berufsbildung. Ich brauche das nicht zu beweisen in einem Lande, dessen Grundinstitutionen auf diesem Gedanken ruhen. Es gilt das vom Großen wie vom Kleinen. Ich selbst glaube in einem freiwilligen vierwöchentlichen Registraturdienst mehr gelernt zu haben, als ein Supernumerar in einem halben Jahr.

Der Cursus unserer Vorbildung ist nun aber (anders als in England und Frankreich) durch die zusammengesetzte und vielgestaltige Formation unseres öffentlichen und Privatrechts bedingt. Das dazu erforderliche Maß war schon nach der Tradition des achtzehnten Jahrhunderts ein akademisches „Triennium". Maßbestimmungen dieser Art, wenn sie sich Jahrhunderte hindurch fortsetzen, sind unter allen Zeugnissen die glaubhaftesten. Die Tradition vom Triennium ging auch in die preußische Gerichtsordnung über. Das Bedürfniß vieler neuer Beamten in Süd- und Neuostpreußen hatte eine Zeit lang zahlreiche Dispensationen veranlaßt. Allein die dabei gemachten üblen Erfahrungen haben die Veranlassung gegeben zu dem noch heute zutreffenden, jede Verkürzung untersagenden Königlichen Cirkular an die preußischen Universitäten vom 27. November 1804:

> daß die kurze Dauer des Studiums auf den Universitäten die Ursache gewesen, daß viele Studirende sich eine nur oberflächliche Bildung, mit Vernachlässigung der philosophischen, mathematischen, historischen und anderen Hülfskenntnisse, blos in Rücksicht auf ihre künftige Hauptberufswissenschaft, erworben haben.

Seit diesem Cirkular sind nun aber in den Anforderungen an unsere Universitätsstudien folgende vier Aenderungen eingetreten.

1. Eine wesentliche Erweiterung des Lehrstoffes. Es sind nach dem Jahre 1804 in die Reihe der Universitätsvorlesungen so gut wie neu eingetreten: Die römische und deutsche Rechtsgeschichte, das Völkerrecht, das Handelsrecht. Im Lauf der beinahe 40 Jahre, in welchen ich selbst als Universitätslehrer thätig bin, ist bei der hiesigen Universität das Handelsrecht als Vorlesung erst entstanden. Der Strafprozeß, den ich als Nebenvorlesung gehört habe, ist zu einer Hauptvorlesung geworden. Der Civilprozeß hat erst seit jener Zeit eine umfassende Richtung

auf die neuen Gesetzgebungen gewonnen. Deutsches und preußisches Staatsrecht haben eine völlig neue Bedeutung und Gestalt erhalten. Das Bedürfniß, den Juristen (nicht bloß den Cameralisten) in die Elemente der Volkswirthschaft einzuführen, ist erst von sehr neuem Datum. Ebenso die Wiederbelebung der Exegetica und Praktica an den preußischen Universitäten. Pandekten, Institutionen und die früher als Hauptvorlesungen angesehenen Stoffe sind inzwischen weder kürzer noch im Ganzen einfacher geworden. Wie kann für alles dies derselbe Zeitraum ausreichen, der schon im achtzehnten Jahrhundert als unentbehrlich galt? Und woher soll die Zeit und Kraft kommen, um daneben noch an ein allgemein wissenschaftliches, geschichtliches, philosophisches Collegium zu denken? Es ist ein sehr mäßiger Anschlag, wenn die Zahl der heutigen Hauptvorlesungen, die der Justizminister eine Zeit lang sogar zu „Zwangscollegien" erhoben hat, auf das Doppelte eines Lectionscatalogs vom J. 1804 geschätzt wird, neben welchen dann die Bedürfnisse der Gegenwart noch immer neue Rechtsbildungen hervorrufen. Die Ueberfülle des Stoffs führt auch den eifrigsten Studenten frühzeitig zu der Frage, was im ersten Examen wirklich verlangt wird. Die aus den Erfahrungen des ersten Examens entnommene Antwort lautete indessen bis jetzt beruhigend. Die Commilitonen, welche mit Hülfe eines Repetenten in einem halben Jahre das Erforderliche geleistet haben, beruhigen den jugendlichen Sinn noch vollständiger. Und so entsteht in der juristischen Facultät eine sonst unbekannte hiatus zwischen sehr hohen Forderungen in thesi und den geringsten Leistungen in concreto. Es entsteht die sonst in diesem Maße unbekannte Erscheinung, daß der beste Theil des theoretischen Wissens durch Privatarbeit in einer Zeit nachgeholt wird, die zur praktischen Ausbildung bestimmt ist. Die lückenhafte, ganze Hauptttheile des Rechts ignorirende Bildung ist aber eine Hauptquelle verkehrter Grundanschauungen auch für den Begabtesten! Die neuerdings mit Recht erfolgte Wiederbelebung der exegetica, practica und Seminarübungen hat auch für die begabteren und fleißigeren Studenten einen Werth nur, wenn ein viertes Studienjahr ihnen eine gewisse Sammlung und Zusammenfassung möglich macht. Für die große Mehrzahl der Studenten aber kann in dem jetzigen Triennium von einer Erweiterung nicht mehr die Rede sein, sondern nur von einer encyklopädischen Behandlung, welche für die wesentlichsten Glieder des Rechtsorganismus nicht geradezu ein vacuum zurückläßt. — Diese Erwägungen allein schon haben einige deutsche Gebiete veranlaßt in Verbindung mit einem ernsten Examen eine 4- und 5jährige Studienzeit gewohnheitsmäßig anzunehmen. In Oesterreich, Baiern, Baden ist nach gesetzlicher Einführung der längeren Studienzeit keine Stimme für eine Wiederverkürzung vernommen worden.

2. Das Freiwilligenjahr des Militairdienstes steigert diese Mißstände bis zum Unerträglichen. Die wirkliche Erfüllung der Militärpflicht ist immer mehr zur Regel geworden, dieser Dienst ist strenger geworden und beansprucht mindestens ein halbes Jahr, in der Regel erheblich mehr von der Zeit des Akademikers. Die Justizverwaltung duldet keinen Abzug von den Stationen der praktischen Vorbereitung um jenes Dienstes willen. Um nicht ein Jahr zu verlieren, dient daher, wer kann, sein Jahr während der Studienzeit ab, die damit in der Wirklichkeit auf $2^1/_4$—$2^1/_2$ Jahr verkürzt wird. Der Vorschlag, das Dienstjahr in die Studienzeit nicht einzurechnen, enhält eine Ungerechtigkeit, eine Zurücksetzung derjenigen, welche die schwerste Bürgerpflicht erfüllen, gegen Diejenigen, welche sie aus irgend einem Grunde nicht erfüllen. Der sehr beachtenswerthe Vorschlag von Gierke, das Patent des Assessors, der sein Jahr gedient hat, um ebenso viel zurückzudatiren, ist aber nicht ohne Weiteres ausführbar, da eine Regel dieser Art für alle Zweige des öffentlichen Dienstes gleichmäßig eingeführt werden müßte. Auch genügt er nicht zur wirklichen Ausgleichung. Denn der Einfluß des Dienstalters in Advokatur und Richteramt ist nicht so bedeutend wie die Versäumniß, welche aus der Nöthigung zu einem weiteren Studienjahr in jedem Falle hervorgeht. Es bleibt daher für jetzt nichts übrig, als dem Rechtscandidaten, welcher seine Militärpflicht erfüllt, wenigstens die Möglichkeit offen zu halten, durch sehr erhöhte Anstrengung mit seinen militärfreien Commilitonen gleichen Schritt zu halten. Man wird also bei dieser ganzen Classe der Studirenden mit einer thatsächlichen Studienzeit von $3^1/_4$—$3^1/_2$ Jahr sich begnügen müssen, — zugleich ein Beweis, wie knapp zugemessen selbst eine 4 jährige Studienzeit der wirklichen Aufgabe gegenüber bleibt!

3. Die Nothwendigkeit, dem Juristen und dem Verwaltungsbeamten ein und dieselbe Grundlage der Universitätsstudien zu geben, enthält einen weiteren Zwang zur Verlängerung der Studienzeit. Alle anderen Vorschläge für die künftige Ausbildung der Verwaltungsbeamten sind entweder unausführbar oder der Zusammengehörigkeit und der hohen Bedeutung beider Berufszweige nicht entsprechend. Ueber die Verkehrtheit einer Zerreißung der „organischen Einheit" des rechts- und des staatswissenschaftlichen Studiums ist dem von L. v. Stein, Schaeffle, Jolly, Geo. Meyer, Gierke und Anderen Gesagten nichts hinzuzufügen. Von dem künftigen Verwaltungsbeamten ein Mehr über die „einfache juristische Bildung" hinaus zu verlangen, widerspricht sogar Gesichtspunkten der Ehre und Schicklichkeit. In jedem Falle muß dem Zustand ein Ende

gemacht werden, nach welchem bisher der praktische Jurist Staatsrecht und Staatswissenschaft als nicht zu seinem Examen und nicht zu seiner Sphäre gehörig ansah. Beide große Zweige des Staatsdienstes können aber die nothwendige staatswissenschaftliche Bildung für jetzt nur von der Universität aus erhalten. Der künftige Verwaltungsbeamte wird etwa 1½ Jahre (schwerlich länger) bei der Justiz eine nützliche Beschäftigung finden. Die angewandte Wissenschaft aber, welche er in der Justiz findet, umfaßt nur das Wissen, welches sich an die in den Gerichten zur Anwendung kommenden Materien und Paragraphen der Gesetze anschließt, und führt ihn nicht in das Staatsrecht und dessen positive Begriffe ein. Auch der Verwaltungsbeamte mußte bisher sich nur empirisch aus den einzelnen Theilen des Verwaltungsrechts zu einer staatsrechtlichen Auffassung durcharbeiten. Man wird fortan für beide Dienstzweige zu einem vierjährigen Studium gelangen, und für die Verwaltungsbeamten zu einem zwischen Justiz und Verwaltung getheilten Referendariat.

4. Alle Ergänzungen des akademischen Trienniums, welche in dem früheren System der preußischen Examina und des Vorbereitungsdienstes lagen, kommen künftig in Wegfall und bedürfen eines Ersatzes. Es war weder symmetrisch, noch sehr methodisch, wenn man früher im II. und III. preußischen Examen zum zweiten und dritten Male immer wieder römisches Recht, Uebersetzung von Pandektenstellen, „gründliche Kenntniß des gemeinen Rechtes" verlangte: aber es war eine Nachhülfe. Der preußische Jurist auch nach dem allerverwahrlosesten Studienkursus war dadurch zu einer Fortsetzung seiner Studien gezwungen auf wenigstens ein Jahr. Unter dem euphemistischen Namen des „Repetirens" kam gar Mancher erst in diesem Stadium zum Erkennen und zum Erlernen, und mehr als Einer hat auf diesem Wege erst seinen ganzen Hausbedarf an Wissenschaft eingeheimst, mit welchem er dann später in hohen Justizstellen oder im politischen Leben seinen Ansichten über die „bloße Theorie" und wissenschaftliche Prüfungen freien Lauf läßt. — Dieser ganze Hülfsapparat ist nun aber im Abbruch begriffen. Das II. Examen hat seit dem 1. Jan. 1870 aufgehört. Das große Examen ist schon durch Gesetz vom 6. Mai 1869 ein „wesentlich praktisches" geworden. Noch wird dabei (freilich inconsequent genug) eine wissenschaftliche Arbeit beibehalten. Noch bestehen die guten alten Traditionen der „Immediat-Examinationscommission", die noch immer zum Repetiren zwingen; denn man weiß, daß die Commission über den Buchstaben des Gesetzes hinaus gar mancherlei nachfühlt und nachfragt. Sobald aber den neuen Justizgesetzen entsprechend neue Commissionen für ein „bloß praktisches" Examen gebildet werden, so hört auch jene Tradition auf, und alle Garantie für die zukünftige Wissenschaft des deutschen Juristen schrumpft auf das zusammen, was (1)

ein akademisches Triennium und was (2) ein preußisches Auskultatorexamen nach dem bisherigen Maßstab geleistet und garantirt haben. Nimmt man dazu noch eine gewisse Verkümmerung der praktischen Ausbildung durch das neue Verfahren, so eröffnet sich die ganze Perspective der künftigen Bildung, durch welche der deutsche Richter und Anwalt den „gesteigerten Forderungen" des neuen Verfahrens gerecht werden soll. Gerade vom preußischen Standpunkte aus ist die Forderung unabweisbar (1) die theoretischen Anforderungen und Aufgaben des bisherigen großen Staatsexamens schon in das erste Examen zu verlegen, (2) die durch das frühere II. und III. Examen erzwungene mindestens einjährige Zeit der Studien und des Repetirens jetzt dem Universitätsstudium zuzulegen, wenn nicht Alles rückwärtsgehen und verflachen soll! Diese Ersatzforderung der Wissenschaft versagen zu wollen, wäre unverantwortlich, — am unverantwortlichsten gerade vom Standpunkte der preußischen Erfahrungen aus. Sollte die preußische Gesetzgebung und Justizverwaltung die Verantwortung dafür wirklich übernehmen wollen, so wird die deutsche Wissenschaft bei dem deutschen Bundesrath und bei dem deutschen Reichstag Gehör finden. Wer jene Forderung stellt, wird fortan nicht mehr zu beweisen haben, warum er vier Jahre fordert, sondern warum er nicht mehr als vier Jahre verlangt.

Allen diesen Gründen gegenüber hat die neue (sonst so sorgfältig ausgearbeitete) preußische Gesetzvorlage keine andere Antwort als folgende „durchschlagende praktischen Erwägungen":

> „Für Preußen liegt zu einer solchen Verlängerung kein Bedürfniß vor. Ein dreijähriger Zeitraum des Universitätsstudiums in Verbindung mit dem darauf folgenden vierjährigen praktischen Vorbereitungsdienst hat sich durch eine langjährige Erfahrung als ausreichend erwiesen, und bei dem schon seit Jahren herrschenden Mangel an richterlichen Kräften würde es ein gewagtes Experiment sein, ohne dringende Veranlassung die Zeit des Universitätsstudiums zu verlängern."

Ich weiß dagegen keine andere Replik als ein Reichsgesetz Artikel 1: die Zulassung zur ersten (wissenschaftlichen) Prüfung ist durch ein vierjähriges Studium der Rechts- und Staatswissenschaften auf einer Universität bedingt.

Ein untrennbares Complement jeder Studienordnung ist nun aber für jeden geistigen Beruf eine dazu gehörige Prüfungsordnung. Ohne eine ernste Prüfungsordnung werden auch die besten Universitätsvorlesungen nur einen mangelhaften Durchschnittszustand schaffen.

Umgekehrt wird die strengste Prüfungsordnung nur eine pedantische, äußerliche Vielwisserei erzeugen, ohne eine wissenschaftliche Methode des Lernens. Beide Seiten müssen in durchdachter Weise zusammenwirken und in stetiger Fühlung mit einander bleiben. Selbst für hervorragende selbstständige Geister ist die reglementarische Schulung überwiegend nützlich, für alle übrigen ist sie nothwendig. Die Mehrzahl unserer aus den wohlhabenden Ständen hervorgehenden Studentenschaft denkt zu sehr an Lebensgenuß und treibt heutigen Tages zu sehr „Realpolitik", um nicht alsbald eine examinirbare und nicht examinirbare Wissenschaft genau zu unterscheiden.

Das preußische Justizministerium hat die so gestellte Aufgabe jeder Zeit in einer sehr ungleichen Weise gelöst.

Das sog. große Examen wurde unter die unmittelbare Leitung der Centralstelle gebracht, und nach allen Grundsätzen einer wissenschaftlichen Prüfung geordnet. Es wurde dafür eine ständige Commission aus hervorragenden Rechtsverständigen gebildet, der Commission ein sachverständiges Präsidium gegeben, und die Mitglieder wurden in üblicher Weise remunerirt. Seit 1847 wurde noch eine wissenschaftliche Probearbeit beigefügt. Ebenso wurden auch die praktischen Uebungsstufen der Referendarien und Auskultatoren speciell und in der Regel sachgemäß geordnet. Niemand wird die Sorgfalt, die Umsicht, das Wohlwollen verkennen, mit dem dieser Theil der Aufgabe jeder Zeit behandelt ist. Der angewandten Wissenschaft ist die ihr zukommende Achtung und Pflege nie versagt worden.

Eine ganz andere Behandlung widerfuhr dem ersten, Auskultatorexamen. Diese Prüfung, in der „bloß Theorie" gefragt werden sollte, blieb im Wesentlichen auf dem Fuß eines Tentamen, wie es sich im 18. Jahrhundert gebildet hatte. Sie blieb unter Leitung des Präsidenten und zweier dafür commitirten Räthe bei jedem Landesjustizcollegium. In Reminiscenz an die alte Weise der Anstellungen in den einzelnen lange gesonderten Landestheilen, sollten bei den Kriegs- und Domänenkammern wie bei den Landesjustizcollegien, die Präsidenten einige „qualificirte Subjekte", nach einer leichten Vorprüfung als Referendarien resp. Auskultatoren „annehmen". Der konservative Charakter alles Gerichtswesens ließ es dabei bewenden, auch nach der Regeneration unserer Staatsverwaltung seit 1808. Es bestanden nun etwa 20 concurrirende Oberlandesgerichte, bei denen der Präsident sich als praeses natus einer wissenschaftlichen Prüfungscommission ansah, die deputirten Räthe aber bald in Bescheidenheit ihrer Ansprüche sich unterboten, bald an wunderlichen Leistungen überboten. Daß die Ausbildung und Prüfung der gelehrten Berufe ein integrirender Theil des allgemeinen Systems der Bildung sei, welches sich seit 1815 an Universitäten und gelehrten Schulen zu einer tief durchdachten Einheit entwickelt hatte, wurde für alle anderen Berufe anerkannt: für die Justiz- und Verwaltungsbeamten blieb es beim Alten, unter einiger Nachhülfe durch die Departementsminister.

Den anerkannten Mängeln suchte zuerst der Justizminister Mühler durch eine ernstere Maßregel abzuhelfen, indem er durch Reskr. vom 16. Nov. 1844 (J. M. Bl. 1844 S. 251. 1846 S. 130. 1850 S. 350) eine Reihe von 17—19 sogenannter Zwangskollegien einführte, welche der Studirende testirt erhalten sollte.

Im Jahre 1846 wurde eine Betheiligung der Universitätsprofessoren an dieser Prüfung eingeführt, nach wenigen Jahren indessen wieder aufgegeben.

Nach den durchgreifenden Reformen des Gerichtswesens von 1846—49 folgte ein umfangreiches Regulativ v. 10. Dez. 1849 (J. M. Bl. 492), welches an sich wohl richtige Grundsätze ausspricht, alle Ausführung aber in den Händen des Präsidenten und der zwei deputirten Räthe läßt.

Unter dem Justizminister Grafen zur Lippe erging dann eine Allg. Verfügung vom 5. Dez. 1864, welche die Zwangskollegien beseitigt, dagegen die Zuziehung zweier Universitätslehrer bei den Prüfungen vorschreibt. Demgemäß wurden auch die Prüfungen sachgemäßer auf sechs Appellationsgerichte beschränkt.

Im Anschluß an das Gesetz vom 6. Mai 1869 erging dann wieder ein Regulativ vom 29. Dez. 1869 (J. M. Bl. 276), in welchem die Zahl der Commissarien auf drei, ausschließlich des Präsidenten, vermindert wird. Seit dieser Zeit wurde in der Regel noch ein Universitätslehrer zugezogen.

Bei dem Kammergericht, wo sich die größte Zahl der Examinanden meldet, sind seit längerer Zeit je 8 Räthe deputirt, von denen je 2, unter Zuziehung eines jedes Mal wechselnden Universitätslehrers, jährlich etwa 200 bis 300 Candidaten prüfen.

Soweit meine Kenntniß reicht, nachdem ich in den Jahren 1846 ff., 1864 ff. wohl mehre Hundert Referendarien u. a. geprüft habe, ist der Charakter der mündlichen Prüfungen im Ganzen wenig verändert, — zeitweise wohl etwas besser geworden, — jedoch dem fortgeschrittenen Umfang der Rechtswissenschaft nicht gefolgt, den künftigen Anforderungen an die Bildung eines Richters und Anwalts in keinem Falle gewachsen. Es kann dazu niemals eine Prüfung genügen, in welcher 3 zufällig zusammendeputirte Commissarien in 3—5 Stunden 4—6 Candidaten befragen. Es bleibt in der Hauptsache nur eine ernstere Prüfung im römischen Recht, neben welchem alles Uebrige mehr zufällig erscheint, und entweder ziemlich kurz be- behandelt oder ganz mit Stillschweigen übergangen wird.

Alle berufenen Stimmen haben sich bisher für eine Reform dieser Prüfung an Haupt und Gliedern ausgesprochen. So gewichtig und belehrend indessen die Urtheile darüber sind, welche in den letzten Jahren von Bethmann-Hollweg, Brunner, Dahn, Goeppert, Gierke, Goldschmidt, Hälschner, Geo. Meyer, Muther, Nasse, Ortloff, L. v. Stein, v. Stinzing, Ad. Wagner, und vielen anderen hervorragenden Gelehrten und Mitgliedern des preußischen Landtags ausgesprochen sind, so wenig erfreulich ist es, die starken Worte zu wiederholen, mit denen der heutige Zustand als ein anstößiger und unbegreiflicher bezeichnet wird. Indem ich diese Urtheile als bekannt voraussetze, möchte ich vielmehr nach den in der Unterrichtsverwaltung gemachten Erfahrungen Vorschläge zu einer Abänderung machen:

1) der Gegenstände der Prüfung;

2) des Personals der Prüfungen;

3) der Oberleitung der Prüfungen;

ohne dabei irgend einen Anspruch zu erheben, als daß ich anerkannte und bekannte Grundsätze wissenschaftlicher Prüfungen wiedergebe. Erwägt man, daß diese Prüfung die volle Hälfte des ehemaligen großen Examens einbegreift, so werden die Forderungen nicht als zu hoch erscheinen.

I. Die Gegenstände der Prüfung für das wissenschaftliche Examen bestimmen sich durch den zeitigen Stand der Wissenschaft. Die Prüfung soll eine richtige Benutzung der Studienzeit auf der Universität controliren und durch ihre Gründlichkeit und gleichmäßige Behandlung des Stoffes den Studirenden zu einem Studium im gleichem Sinne veranlassen und nöthigen. Ehe die Gewißheit einer so umfassenden Prüfung nicht vorhanden ist, wird unsere Jugend die Mehrzahl aller Vorlesungen, (außer denen über das römische Recht) für allenfalls entbehrliche Nebenfächer halten. Der heutige Umfang der Wissenschaft nöthigt aber zu einer Zerlegung der Prüfung in mindestens zwei Abtheilungen:

I. Römisches und deutsches Privatrecht, einschließlich des Handelsrechts. Römische und deutsche Rechtsgeschichte (Rechtsphilosophie, Encyklopädie).

II. Staats- und Verwaltungsrecht, Völkerrecht, Kirchenrecht, Strafrecht, Civil- und Strafprozeß. Staats- und Volkswirthschaftslehre (Staatswissenschaften).

In der heute üblichen Weise der Prüfung ist nur die erste Gruppe einigermaßen gesichert. Die Berücksichtigung der zweiten Gruppe (etwa mit Ausnahme des Strafrechts) ist völlig dem Zufall anheim gegeben.

Die Mehrzahl dieser Disciplinen wird entweder übergangen oder nur gestreift oder von Personen examinirt, welche die Anfangsgründe zuvor selbst lernen müßten. Schon seit einem Menschenalter hätte man einsehen müssen, daß diese Prüfung einen Zeit- und Kraftaufwand erfordert, für welchen ein Tag ebenso wenig ausreicht wie die Kräfte von zwei oder drei ungeschulten Examinatoren. Um dieser Mißhandlung des Gegenstandes ein Ende zu machen, bedarf es einer gesetzlichen Vorschrift, daß die Prüfung an wenigstens zwei gesonderten Tagen abzuhalten ist, — überhaupt aber wohl folgender dreier Aenderungen:

1. Jedes der Fächer, welche für erheblich erachtet werden, muß auch in jedem Examen Gegenstand der Prüfung werden. Es sieht das etwas pedantisch aus, ist aber die Regel eines jeden wissenschaftlichen Examens. Eine Prüfungsordnung ohne jede wirksame Controle dieses Punktes, ja mit der evidenten Unmöglichkeit der Erfüllung dieses Punktes, würde ein preußischer Unterrichtsminister nicht gegeben haben. Es muß sogar durch die Formulare dafür gesorgt werden, daß die Prüfungscommission über jede Disciplin Rechenschaft geben muß, daß sie über keine durch irgend eine Redewendung im Protokoll hinwegschlüpfen kann. Eben deshalb darf das Verzeichniß aber nicht zu weit ausgedehnt werden. Es giebt Disciplinen, die in gewissem Sinne nicht recht „examinirbar" erscheinen, wie Rechtsphilosophie, Encyclopädie u. a., die sich vielmehr zweckmäßiger an Einzelfragen des Staatsrechts, Völkerrechts u. s. w. anknüpfen. Die Gliederung der sogenannten „Staatswissenschaften" ist ferner noch so unfertig, daß eine Aufzählung von Finanz-, Polizeiwissenschaft, Volkswirthschaftslehre, Politik, Verwaltungslehre, Statistik ꝛc. unrathsam sein würde. Jeder Sachverständige hat dafür bis jetzt seine Eintheilungsgründe und seine Methode, und der Gesammtstoff ist so schwer „examinirbar", daß eine Einzelaufzählung zur Pedanterie führt. Die Prüfungscommissionen und die Universitäten müssen in diesem Gebiet allmählig eine gegenseitige Fühlung gewinnen, an welcher es zur Zeit fehlt! Ebenso hängt es von Umständen ab, ob das geltende besondere Landesrecht (oder in Preußen sogar mehr als ein Landesrecht) schon mit einer gewissen Vollständigkeit in der ersten Prüfung zu behandeln, oder ob nur dessen „Grundlehren und Hauptsätze" an das römische Recht und andere Disciplinen anzuschließen sind.

2. Das Resultat der Prüfung in jeder einzelnen Rubrik nach den herkömmlichen Stufen (als ausgezeichnet, gut, ausreichend) anzugeben, und ebenso am Schluß ein Gesammtprädikat zu ertheilen. In der verkümmerten Gestalt der bisherigen Prüfungen bestand der geringste Anspruch des begabten, fleißigen, tüchtigen Studenten, welcher Zeit und Kraft

gewissenhaft verwendet hat, in seinem Recht auf jene Anerkennung. Die neuesten Vorschriften haben die Ertheilung von Prädikaten sogar untersagt. Ich prüfe keinen Referendar, Doctor, Diplomaten ꝛc., ohne an erster Stelle sein Abiturientenzeugniß aufmerksam durchzulesen. Ich würde Niemandem zu einer höheren Justizstelle empfehlen, ohne an erster Stelle sein Zeugniß über die wissenschaftliche Rechtsprüfung gesehen zu haben. Die Justizverwaltung hält dies bei einem tentamen über „bloße Theorie“ für entbehrlich.

3. Die getrennten Curse, welche für das mündliche Examen unvermeidlich werden, legen die Frage nahe, ob der Zwischenraum zwischen beiden nicht auch weiter auseinandergelegt, und ungefähr in die Mitte des akademischen Quadrienniums gesetzt werden könnte, — etwa vergleichbar dem tentamen physicum der Mediziner. Von Bethmann-Hollweg und anderen Autoritäten sind sehr beherzigenswerthe Gründe für eine solche Caesur in der akademischen Studienzeit geltend gemacht worden. Ein vierjähriger ununterbrochener Zeitraum hat sich bisher in dem preußischen Referendariat nicht wohlthätig erwiesen. Der leichtsinnige und träge Student, der zu seiner eigenen Verwunderung ein Examen glücklich bestanden hat, sieht sich vor einen langen Zeitraum der Ruhe versetzt, der zu einer Fortsetzung der bisherigen Weise einladet. Man hat deshalb schon von vielen Seiten die Wiedereinführung eines Surrogats für das ehemalige zweite Examen empfohlen. Für die Studirenden gilt jene Besorgniß anscheinend ebenso, sobald sie ein volles Quadriennium vor sich sehen.

Andererseits besteht in akademischen Kreisen eine lebhafte Abneigung gegen „Zwischenprüfungen“, weil dadurch an Stelle eines freieren, vielseitigen Studienplans leicht eine mechanische Bemessung der Arbeitspensa entsteht. Wo ein sehr ernstes wissenschaftliches Examen dem vierjährigen Universitätsstudium folgte (wie bei den Mecklenburgern und Holsteinern), hat sich früher auch nie ein Bedürfniß eines Vorexamens ergeben.

Es ist bei einer so zweifelhaften Frage, bei welcher Niemand sichere Erfahrungen haben kann, wohl rathsam, vorläufig den Wunsch der Betheiligten entscheiden zu lassen, ehe man bindende Vorschriften gibt. In der obigen Ordnung der Materien läßt sich aber die erste Abtheilung (römisches und deutsches Recht) nach dem üblichen Gange unserer Vorlesungen wohl abscheiden, und dieser Theil der Prüfung schon im fünften oder sechsten Semester erledigen. Es ist ein erheblicher Mißstand kaum zu befürchten, wenn man denjenigen, welche ihre Studien danach ordnen wollen, oder welche vor der Massenhaftigkeit des Stoffs in einem zweitägigen Examen zurückscheuen, diese Vorprüfung freigiebt.

Was endlich den schriftlichen Theil der Prüfung betrifft, so empfiehlt sich als angemessener Abschluß und Ausweis wenigstens eine wissenschaftliche Arbeit. Die jetzige Gestalt der Probearbeit im preußischen Examen wird nach Maß und Methode wohl genügen, jedoch bei einer strengen mündlichen Prüfung die Wahl des Themas besser dem Bewerber selbst zu überlassen sein.

Als Gesetzesvorschriften würden sich nach diesen Vorschlägen etwa folgende ergeben:

Gegenstand der Prüfung ist:

I. Das in Deutschland geltende römische und deutsche Privatrecht, einschließlich des Handelsrechts. Römische und deutsche Rechtsgeschichte.

II. Das deutsche Staatsrecht mit Einschluß der Grundzüge des Verwaltungsrechts. Völkerrecht. Kirchenrecht. Strafrecht. Civil- und Strafprozeß. Grundzüge der Staatswissenschaften.

Die erste Abtheilung dieser Prüfungen kann nach Wahl des Candidaten auch in einem früheren Zeitpunkt, jedoch erst nach Beginn des dritten Studienjahres bestanden werden.

Die Prüfung ist auf jedes der obenbezeichneten Gebiete zu erstrecken, und bei jedem Prüfungsgegenstand wie in dem Schlußurtheil ist auszusprechen, ob die Leistungen als ausgezeichnet, als gut, oder als genügend zu erachten sind.

II. Das Personal der Prüfungscommissionen ist für den Erfolg noch entscheidender als alle sonstigen Vorschriften, wie dies die Lebensgeschichte der Prüfungen grade in Preußen auf das Eindringlichste darlegt.

Dabei halte ich die alte Streitfrage, ob Professoren oder Gerichtsräthe für wenig präjudiciell. Es kommt weder auf die Gelehrsamkeit, noch auf die praktische Geschicklichkeit an, sondern auf die besonderen Fähigkeiten eines Examinators, welche auf beiden Seiten zu finden sind, welche aber bei der Mehrheit der einen wie der anderen nicht ohne Weiteres als vorhanden angenommen werden können. Die Mitwirkung der Universitätslehrer ist in jedem Falle unentbehrlich, weil sie vorzugsweise den zeitigen Stand der Vorlesungen und der Literatur zu übersehen vermögen, weil sie für einzelne Zweige (Kirchenrecht, Staatsrecht, Volkswirthschaft 2c.) bei manchen Commissionen die einzigen Sachverständigen sein werden und weil die Gewohnheit zu lehren, wenn nicht alle, so doch viele gute Seiten des Examinators zu erzeugen pflegt. Oesterreich und die deutschen Mittelstaaten haben aus diesen und anderen Gründen die wissenschaftliche Prüfung ausschließlich in die Hände der Universitätsprofessoren gelegt. Als gemeinsame Einrichtung für das deutsche Reich würde sich dies schwerlich empfehlen, schon aus dem Grunde, weil die meisten Juristenfacultäten zu klein, zu ungleich besetzt sind, und weil die massenhafte Verbindung der Prüfungen mit dem Lehramt Störungen und Mißbräuche in das Leben der Universitäten einführt. Entscheidend ist schon der Grund, daß die nothwendige Einheit des Maßstabes durch bloße Universitätsexamina nicht zu gewährleisten ist. Ich halte vielmehr die „gemischten Commissionen" für die bessere Einrichtung. Es ist weniger eine geistig schaffende als eine kritisch-receptive Geistesrichtung, welche einen guten Examinator macht, und eine solche ist im Kreise der Praktiker mindestens im gleichen Maaße zu finden. Jedenfalls ist die Zahl der praktischen Juristen eine so überwiegend große, daß sie ein vorzügliches Personal darbietet, auch wenn man die strengsten Anforderungen an die besondere Fähigkeit und Neigung zu diesem Beruf stellt. Ich würde deshalb als Mehrheit ein sorgfältig ausgewähltes Personal von Oberlandesgerichtsräthen und anderen bewährten Praktikern (darunter auch Staats- und Rechtsanwälte) in den Prüfungscommissionen wünschen; auch höhere Verwaltungsbeamte, die für Staatswissenschaft und Verwaltungsrecht oft unentbehrlich sein werden. Ein ständiges Zusammenwirken derselben mit einer Mehrheit von Professoren kann nur im besten Sinne ausgleichend, ergänzend, belehrend für alle Theile wirken, einen collegialischen Geist erzeugen, die Vorurtheile zwischen Theorie und Praxis ausgleichen, den Universitätslehrern eine Einsicht in die Praxis, den Praktikern die Einsicht in den zeitigen Stand, die Bedürfnisse und die Leistungen der Juristenfacultäten geben. Im Vergleich zu den bisherigen Einrichtungen werden dabei folgende Aenderungen nöthig sein:

1. Die Ernennung einer ansehnlichen Zahl von Examinatoren, nach dem Gesichtspunkt, daß für jedes einzelne Fach wenigstens ein speciell geeigneter Examinator vorhanden ist. Die heute übliche Weise, zwei Gerichtsräthe und einen Universitätslehrer in Bausch und Bogen zu einem Examen für Alles zu kommandiren, gehört mehr primitiven Zuständen der Jurisprudenz an. An die Oberlandesgerichte wird die Commission schon aus dem Grunde anzuknüpfen sein, um dem Personal das nöthige äußere Ansehen zu wahren. Es werden also nur solche Orte möglich sein, in denen zugleich ein Oberlandesgericht und eine Universität befindlich ist. Und auch diese Zahl wird sich noch verkleinern, je höher man die Anforderungen an die Besetzung der Commissionen stellt.

Es liegt darin zugleich das nothwendige Correctiv gegen das Bestreben der kleineren Staaten, eine Ueberzahl von Commissionen zu bilden, die sie nicht genügend besetzen können. Je weniger Commissionen, desto besser werden sie besetzt sein.

2. Die Commission muß eine ständige Behörde bilden, in welcher durch fortlaufende Thätigkeit ein stetiger Austausch der Meinungen, Erfahrungen und Urtheile, ein collegialischer Geist, eine gewisse Einheit und Stetigkeit der Action sich bilden kann. Je stärker eine solche Commission beschäftigt ist, desto besser. Es ist das nothwendig um der Examinatoren willen, welche selbst sehr vieles zu lernen haben, bevor sie gute Examinatoren werden, und dies Nothwendige kann eben nur in stetiger Uebung und im Lernen des Einen von dem Andern erworben werden. Es ist ebenso nothwendig für die zu Prüfenden; denn nur die ständige collegialische Gestalt der Behörde ergiebt den festen Maßstab für das Urtheil im Einzelnen wie im Ganzen. Die bisherige Weise, in unstetem Wechsel drei verschiedene Personen zu einer Prüfungscommission zusammenzuberufen,*) ist gleich sachwidrig für Examinatoren wie für Examinanden. Ohne eine stetig zusammenwirkende Thätigkeit sind die persönlichen Anforderungen des einzelnen Examinators entweder zu hoch oder zu niedrig gegriffen, das Urtheil entweder zu streng oder zu milde. Extemporirte Commissionen mit ihren rhapsodischen Fragen unterliegen der dringenden Gefahr eines ungerechten Urtheils, und sind schon dadurch genöthigt, auf Kosten der Sache ein durchschnittlich viel zu mildes Urtheil zu üben, um nicht dem Einzelnen Unrecht zu thun. Ein von jedem Uebermaß freies, billiges Urtheil bildet sich nur bei Examinatoren, welche gewohnheitsmäßig prüfen: aber es hält auch sicher die Grenze, wo die Nachsicht aufhören muß. Erst in einem ständigen gemischten Collegium ist überhaupt die rechte Mitte zu finden zwischen einem tentamen für Anfänger und einem rigorosum für Gelehrte von Beruf. Die wissentliche Prüfung praktischer Juristen soll keines von Beiden sein.

3. Die Prüfungsbehörde muß hinreichend besoldet, d. h. den Gehalts- und Diätensätzen der Ober-Landesgerichtsräthe entsprechend remunerirt werden. Die Prüfung einer wissenschaftlichen Arbeit, zu welcher der Censor oft eigener Vorbereitung bedarf, und ein zweitägiges mündliches Examen enthält ernste Zumuthungen, die man einem vielbeschäftigten höheren Beamten und Universitätslehrer nicht als Nebenbeschäftigung

*) Beabsichtigt war dies allerdings nicht. Dem Großkanzler sollen womöglich ständige Examinatoren bezeichnet werden, A. G. O. III. 4 § 3; ein Wechsel soll möglichst vermieden werden auch nach dem Regulativ von 1849. Der Mangel einer Remuneration macht aber den Dienst unabänderlich zu einem Reihedienst.

unentgeltlich zumuthen darf. Die preußische Justizverwaltung hat einen seit Menschenaltern veralteten Gebührensatz beibehalten, in Folge dessen man dem Examinator 3—4 Mark Vergütigung für einen Referendarius anbot. Schon dies genügte, um jede ernstliche Reform des Prüfungswesens kümmerlich scheitern zu lassen. Das Justizministerium taxirte aber den Werth des „bloß theoretischen" Examens einmal so niedrig, daß man sich weder entschließen konnte, das alte Gesetz zu ändern, noch aus der Staatskasse einen Zuschuß zu leisten. In der neuen Ordnung der Verhältnisse wird mindestens das Gehalt der Ober-Landesgerichtsräthe denjenigen Mitgliedern zu garantiren sein, die bei den starkbesetzten Commissionen ihre ganze Arbeitszeit dem Prüfungsgeschäft widmen müssen. Die Anforderungen an diese Commissionen werden erheblich größer sein, als für das große Staatsexamen. Die Verwaltung wird daher auch die für das große Examen bisher üblichen Gebühren von den Examinanden selbst erheben können, und sie wird damit durchdringen, wenn sie mit Ernst der socialistischen Forderung auf „freie Examina" entgegentritt, die sich in neuerer Zeit der Beamten bemächtigt hat.

Die richtige Bildung des Prüfungsamts ist das Entscheidende. Die der Commission zu gebende Instruction mag wie früher aussprechen, daß die Prüfung sich auf die Erforschung der positiven Kenntnisse des Candidaten, seiner Einsicht in das Wesen und die geschichtliche Entwickelung der Rechtsverhältnisse zu richten hat u. s. w. Solche correcte Formulirungen haben einen negativen Werth, sofern incorrecte Ausdrücke die Prüfungscommissionen hemmen und irreleiten können. Einen positiven Werth aber haben nur diejenigen Erfahrungen und Maximen, die eine Prüfungscommission sich in stetiger gewissenhafter Arbeit und im Austausch ihrer eigenen Erfahrungen bildet. Sehr überflüssig sind dann alle Warnungen, betreffend das mechanische Einlernen, das Repetentenwesen, die landläufige Oberflächlichkeit der Vorbereitungen und dergleichen. Eine geschulte Prüfungscommission weiß nach einer Stunde ziemlich sicher, wen sie vor sich hat, und unterscheidet nach der zweiten oder dritten Frage das Eingelernte von dem Gedachten und Gewußten.

Unter dieser Voraussetzung bedarf es auch für das wissenschaftliche Examen wohl keiner weiteren amtlichen Controle. Eine in jedem Falle hinreichende Controle wird die Oeffentlichkeit gewähren. Die Maxime der Oeffentlichkeit würde zwar als Regel für wissenschaftliche, noch mehr für praktische Prüfungen recht bedenklich sein. Für den Juristen aber, dessen künftiger Beruf durchweg auf eine öffentliche Thätigkeit hinweist, hat sie sich seit 1849 bei uns überraschend bewährt, und für ihre Aufhebung nach einem halben Menschenalter war wohl kein genügender Grund vorhanden. Auf das zuhörende, in der Regel aus Studirenden bestehende

Publicum, hat die Prüfung durch geschulte Examinatoren stets einen belehrenden, anregenden, wohlthätigen Einfluß geübt, und nicht nur abenteuerlichen Vorstellungen vom Examen vorgebeugt, die Ueberzeugung von der Gerechtigung der Entscheidungen erhalten, sondern auch zu ernster Arbeit angeleitet. Ein nennenswerther Mißbrauch ist dabei nie zum Vorschein gekommen.

Diesen Vorschlägen gemäß würde eine gesetzliche Bestimmung etwa dahin lauten:

> Die Prüfungscommission ist aus Mitgliedern eines Oberlandesgerichts und anderen bewährten Justiz- und Verwaltungsbeamten, sowie aus einer Mehrheit von Universitätslehrern so zu bilden, daß für jedes Prüfungsfach ein oder mehre geeignete Examinatoren vorhanden sind.
>
> Die mündliche Prüfung ist öffentlich.

III. Die Ernennung und Oberleitung der wissenschaftlichen Prüfungscommission hätte schon seit zwei Menschenaltern unter einer gemeinsamen Obhut der Minister der Justiz und des Unterrichts stehen sollen. Sie würde dann längst in die richtige Gestalt wissenschaftlicher Prüfungen gebracht worden sein.

Seit zwei Menschenaltern führen die preußischen Justizminister Klage über die völlig ungenügenden Erfolge der ersten Prüfung, über die Unreife und Unkenntniß der Candidaten. Aber anscheinend ist man noch nie auf das Bedenken gestoßen, ob ein Justizminister unter Beirath seiner Räthe und auf die Berichte seiner Obergerichte wirklich im Stande ist, rein wissenschaftliche Prüfungs- und Studienordnungen in sachgemäßer Weise zu regeln.

Das jetzt bestehende Competenzverhältniß ist aus früher normalen Verhältnissen hervorgezogen. Der Kanzler war ursprünglich der vorzugsweise „gelehrte" Rath der deutschen Fürstenhöfe gewesen. In der späteren preußischen Gestaltung bildeten der Großkanzler und die ihm beigeordneten Justizminister zugleich das Departement des Cultus und des Unterrichts. Als 1808 an dessen Stelle das moderne Ministerialsystem in knappster Gestalt trat, wurde das Departement des Unterrichts mit dem Innern verbunden. Als dann aber 1817 ein eigener Unterrichtsminister creirt wurde, blieb der Justizminister im Besitz auch der rein wissenschaftlichen Prüfungen — nicht bloß in Folge der Departementssouveränetät, welche in Preußen aus dem Mangel eines Ministerpräsidenten hervorging, — sondern in Folge der im Eingang bezeichneten, der preußischen Juristenwelt eigenartigen „Formation der Juristen in den Collegiis", welche dahin führte, alle Anforderungen unter ein I., II., III. Examen in drei Portionen zu vertheilen, und mit jeder Portion soviel Theorie zu verbinden, daß alle drei Prüfungen in ihrer Gesammtheit den Namen einer ernsten wissenschaftlichen Prüfung wohl verdienten.

Es sind deshalb keine Vorwürfe gegen bestimmte Personen zu erheben. Am wenigsten würde ich solche Vorwürfe erheben dürfen. Seit 40 Jahren aufgewachsen und verwachsen mit dem preußischen Juristenthum muß ich anerkennen, daß unsere besten Männer, — die hervorragendsten Männer des Richterstandes, der Justizverwaltung, wie der „Immediat-Examinationscommission", die mich schon in sehr jugendlichem Alter durch ihr persönliches Wohlwollen und Vertrauen geehrt haben, — ganz innerhalb jenes Ideenkreises der angewandten Wissenschaft standen. Ich habe manche Jahre hindurch selbst etwas von den Vorurtheilen gegen die „bloße Theorie" angenommen.

Allein nachdem Glied für Glied alle Voraussetzungen des preußischen Bildungsganges weggefallen sind, lassen sich die preußischen Besonderheiten nicht mehr dem übrigen deutschen Juristenthum aufdrängen, und überhaupt nicht länger aufrecht erhalten gegen die einmüthigen, berechtigten Forderungen der deutschen Rechtswissenschaft. Und wenn es dennoch geschieht, so wird es wohl erklärlich und entschuldbar, wenn die heutige Stimmung der deutschen Juristenfakultäten in tiefem Unmuth und in lautem Widerspruch zur Erscheinung kommt. Unsere preußische Praxis lebt leider schon zu lange auf gespanntem Fuße mit der „bloßen Theorie". Die Universitäten haben so lange das preußische Landesrecht vornehm ignorirt und die preuß. Gerichtsordnung verspottet, die preußischen Praktiker haben so lange ihre geringe Meinung von der „bloßen Theorie" zur Schau getragen, daß in unserem Lande eine gegenseitige Entfremdung entstehen konnte, welche in den übrigen deutschen Gebieten kaum verständlich ist. Ein sachlicher und persönlicher Zusammenhang zwischen beiden Seiten hat in Preußen allmälig ganz aufgehört, seitdem die Thätigkeit der Juristenfakultäten als Spruchcollegien erlischt; seitdem kaum noch ein Praktiker zur Universität übergeht; seitdem kein Professor mehr in die Gerichtscollegien eintritt; seitdem die unfreundlichen Maßregeln der Justizverwaltung jede gleichzeitige Thätigkeit der Praktiker bei den Universitäten grundsätzlich hindern; seitdem die Budgetbeschlüsse des Abgeordnetenhauses jede Thätigkeit der Universitätslehrer an den Gerichten unmöglich machen. Nachdem das Tischtuch zwischen beiden Theilen jetzt wirklich zerschnitten ist, darf die Justizverwaltung es nicht übel nehmen, wenn ihr zuletzt eine controversia status gemacht und von der Seite der Professoren ziemlich einmüthig behauptet wird, daß das Justizministerium sich ausschließlich mit einer Angelegenheit befasse, welche es nicht sachgemäß behandeln kann, weil die Gestaltung einer rein wissenschaftlichen Prüfung und des davon untrennbaren Studienplans der Universitäten nach dem heutigen Stande der Wissenschaft im Kreis der Erfahrungen weder eines Justizministers, noch seiner Räthe, noch der Präsidenten der Appellationsgerichte liege.

Und eben deshalb sind die Juristenfakultäten der Meinung, daß jene Ordnung schon seit Jahrzehnten nicht in der rechten Weise erfolgt ist. Ich darf heute wohl offen in einem ungefähren Stimmungsbilde aussprechen, wie die Sache auf dieser Seite angesehen wird.*)

Einen nicht günstigen Eindruck bei den Universitäten macht schon das Schwanken der ministeriellen Anordnungen, welches den Juristenfakultäten erst Zwangscollegia aufnöthigt, dann wieder aufhebt; erst Professoren zuzieht, dann wieder ausschließt; noch einmal Professoren zuzieht, dann wieder auf ein Minimum herabsetzt; erst die Oeffentlichkeit der Prüfungen einführt und dann wieder aufhebt.

Ebenso widerstrebt ist den Universitäten die rein äußerliche Natur vieler Mittel, mit welchen die Justizverwaltung der wissenschaftlichen Bildung beizukommen glaubte. Ich erinnere dabei nochmals an die „Zwangscollegia"; ich erinnere an die „Clausurarbeiten", auf die der unwissenschaft-

*) ich bin persönlich von mehren Seiten zur Rede gestellt worden, warum ich in den Landtagsberathungen von 1869 und 1876, und demnächst bei den Reichsjustizgesetzen, die Ansprüche der Wissenschaft, namentlich das Quadriennium nicht ernstlich geltend gemacht habe. Ich kann darauf nur erwidern, daß das parlamentarische Leben uns oft nöthigt, lebhafte Ueberzeugungen zur Zeit und am Ort nicht auszusprechen, wenn ein nächster wesentlicher Zweck dadurch gefährdet wird. In der Reichsjustizcommission war ich übrigens bei dem betr. Hauptabschnitt des Gerichtsverfassungsgesetzes nicht betheiligt, weil ich in Folge einer Verfassungsbestimmung das Mandat niederlegen mußte. Die Natur der Frage ist gerade mir aus einem besonderen Grunde frühzeitig zum Bewußtsein gekommen. Ich verhandele, conversire und correspondire seit 30 Jahren mit meinen englischen Freunden über die Prüfungsordnung und die Studienkurse der Inns of Court, und kann versichern, daß die harten Juristenköpfe überall dieselben Fehler machen, wenn sie die „bloße Theorie" in Ordnung bringen wollen. Diese hochstehenden Juristen, (in den höchsten Stufen des Richteramts und der Advokatur) bilden sich stets ihre Urtheile nach individuellen Erfahrungen aus ihrem eigenen Bildungsgange, die sie für allgemein gültige halten, — nach dem besonderen Zweige, in dem sie etwas Hervorragendes geleistet haben, — glauben stets auch diese Fragen vollständig zu verstehen, — bleiben eben deshalb stets unzugänglich allen Rathschlägen und Erfahrungen der Wissenschaft, — wollen immer nur mit äußerlichen Maßregeln und Palliativen helfen, wo es auf ernste Reformen ankommt, — haben schließlich an Stelle jeder Würdigung wissenschaftlicher Gründe nur immer wieder ihre „praktischen Erfahrungen".

liche Praktiker immer wieder mit Vorliebe zurückkommt; die Publicanda eines früheren Justizministers an Väter und Vormünder, die Ihrigen vom Rechtsstudium abzuhalten, weil der Minister solche nicht unterzubringen vermöge; an die Bekämpfung des Repetentenwesens durch Aufenthaltsverbote (Verf. v. 1. Aug 1840, Verf. v. 9. Aug. 1846) und Aehnliches.

Am fühlbarsten für die Universitäten ist aber die der Verwaltung natürliche, die Pflege der Wissenschaft aber beschädigende Parteilichkeit, mit welcher alle Fürsorge lediglich dem großen Examen zugewandt wurde, auf Kosten der ersten „blos der Theorie" gewidmeten Prüfung. Alle Grundsätze, welche der Justizminister für sein großes Examen als richtig anerkennen mußte, wurden dem Aschenbrödel des Auskultator-Examens versagt. Für dies Examen war niemals Geld, niemals die genügende Zeit, niemals eine ausreichende Commission zu beschaffen, — weder eine genügende Besetzung, noch ständige Bildung einer Commission zu ermöglichen. Die Heranziehung der Universitätslehrer erfolgte des äußeren Anstandes willen, aber so wechselnd und so dürftig, daß sie zu einem fast nominellen Anhang wurde. Reskripte über Reskripte verlangen ein „ernstes" Examen und geben einen stattlichen Katalog von Gegenständen, während man doch wußte, daß eine extemporirte Commission so vielerlei Dinge nicht in ein paar Stunden abfragen kann. Die Justizverwaltung hatte für die ganze Angelegenheit eben nur leere Ermahnungen und Instructionen, deren Nichtbefolgung dem Justizminister so gut bekannt war, wie allen Uebrigen. — Als später das Militärjahr in den Bildungsgang der preußischen Juristen immer fühlbarer einschnitt, ließ die Justizverwaltung von ihren Stationen auch nicht einen Monat ab, sondern schob das ganze Defizit den Universitäten zu; die „bloße Theorie" konnte sich den Abzug gefallen lassen. — Für die „bloße Theorie" kam es auch nicht darauf an, ob ein Examinand ausgezeichnet, gut, oder nothdürftig bestanden u. s. w. Und nachdem nun der Zeitpunkt gekommen ist, wo das entscheidende Wort gesprochen, wo die dauernde Ordnung der deutschen Verhältnisse erfolgen muß, documentirt sich die ganze Fürsorge, Rücksicht und Achtung, welche die preußische Büreaukratie der deutschen Wissenschaft zollt, die in Zukunft den größern Antheil an der Juristenbildung zu übernehmen hat, durch ein trockenes Ignoramus gegen unsere vieljährigen gerechtesten Beschwerden.

Ist diese Auffassung der Juristenfakultäten nach dem äußerem Gange der Dinge etwa eine unberechtigte? Ich weiß beim besten Willen gegen solche Vorwürfe nichts weiter zu sagen, als das was oben geschehen: die historische Entwickelung der preußischen Verhältnisse hat diese Mißstände so allmählich herbeigeführt, daß sie im Kreise der Verwaltung bona fide ignorirt werden konnten. Nachdem aber die gewohnheitsmäßige Unterschätzung der „bloßen Theorie“ in dem Justizwesen einen Höhepunkt erreicht hat, der nicht mehr überschritten werden kann, und die Universitäten ihren berechtigten Antheil endlich durch verfassungsmäßige Mitwirkung ihres Ministers suchen müssen: tritt jetzt die gebieterische Nothwendigkeit hinzu, die Einheit des juristischen Bildungsganges in Deutschland herzustellen, innerhalb deren gerade diese preußische Eigenthümlichkeit wohl die unberechtigtste ist. Durch Reichsgesetz ist diese Frage nicht leicht zu ordnen, oder würde wenigstens nur durch eine sehr allgemeine Fassung zu treffen sein. Dringend zu wünschen wäre deshalb, daß schon die preußische Landesgesetzgebung den Grundsatz ausspräche:

> Der Vorsitzende und die Mitglieder der wissenschaftlichen Prüfungscommission werden von dem Minister der Justiz und des Unterrichts gemeinschaftlich ernannt und setzen durch collegialischen Beschluß ihre Geschäftsordnung unter Bestätigung der vorgesetzten Minister fest.

Wissenschaft und Praxis haben in nächster Zukunft eine so schwere Aufgabe vor sich, daß sie sich gegenseitig ehren und einander helfen sollen.

Druck von G. Jansen in Berlin.

Kolibri 360 GmbH
Ferdinand-Jühlke-Straße 7
99095 Erfurt, Deutschland
produktsicherheit@kolibri360.de